Alfonso Gálvez

LA ORACIÓN

New Jersey
U.S.A. – 2020

CATALOGING DATA

Author: Gálvez, Alfonso, 1932–
Title: La Oración

First Printing	New Jersey, 2002
Second Printing	New Jersey, 2005
Third Printing	New Jersey, 2020

Library of Congress Catalog Card Number: 2020915814

ISBN 978-1-7322886-5-2

Published by
Shoreless Lake Press
P.O. Box 157
Stewartsville, New Jersey 08886

"Ya no os llamaré siervos… sino amigos…"
(Jn 15:15)

"Una sola cosa es necesaria…"
(Lk 10:42)

PRÓLOGO

Esta obrita no es un tratado sobre la oración. Ha sido compuesta con la ayuda de unos esquemas o apuntes que recogen ideas, muy conocidas de todos, que originariamente sirvieron al autor de ayuda para charlas a gentes sencillas, aunque generosas y bastante adelantadas en la vida espiritual.

Mucho de lo que se dice aquí sirve también para la oración vocal, aunque el autor se refiere casi siempre a la oración mental, como fácilmente se verá, y sin que haya necesidad de advertirlo de nuevo.

Hay que tener en cuenta que el verdadero Maestro de oración es el Espíritu Santo, al que se debe acudir si se quiere progresar en ella. También hay que acudir a la Virgen María, insigne maestra de oración, en cuanto que ella fue, a la vez, la mejor y más fiel oyente de la Palabra y la más generosa y amante en la respuesta —*Hágase en*

mí según tu palabra—; además la meditó como nadie en su corazón
—*María conservaba estas cosas en su corazón*—, y fue la que estuvo
más cerca de su Hijo y del Espíritu de su Hijo.

Todo el mundo sabe que el tema es inmenso, tanto en importancia como en extensión. Con respecto a él, nuestra palabra siempre se quedará demasiado pobre y apenas si dirá nada. Pero podemos ponernos en las manos de Dios, humildemente y con confianza, a fin de que Él nos lleve por los caminos que conducen a aquello que es lo único necesario.

Este librito es solamente un pequeño vademécum que puede servir para recordar ideas que ya se conocen. Para profundizar sobre el tema están los grandes tratados de los maestros de la vida espiritual.

FUNDAMENTOS

La oración surge de la necesidad que Dios ha querido sentir de hablar con nosotros y de la que nosotros sentimos de hablar con Dios. Hablar es una forma de comunicarse, pero en este caso se trata de una comunicación que es, sobre todo, efusión de amor hacia el amado. Está claro que decir que la oración es un hablar entre Dios y el hombre es muy poco decir. En realidad la oración es una forma peculiar de hacer consciente, y de intensificar, la vida de intimidad entre Dios y el hombre. Es el amor divino–humano hecho intimidad consciente para el hombre. Por supuesto, sin comunicación entre los que se aman no puede haber amor, lo cual vale también para lo que ocurre entre Dios y el hombre.

En la Trinidad, el Padre *se dice* a sí mismo lo que es en una sola Palabra, a la cual ama en un Amor que se identifica con la respuesta con que es correspondido y que es el Espíritu Santo. Pues bien, la oración es la prolongación *ad extra*, en el hombre, del diálogo trinitario. En ella se actualiza, de un modo singular, el hecho de que el hombre haya sido admitido, como participante, al diálogo de amor, eterno e inefable, que tiene lugar en el seno de la Trinidad. El misterio de la oración arranca del misterio de la bondad de Dios, que quiso que el hombre participara de su propia vida divina. Para comprender el misterio de la oración habría que saber por qué Dios quiso hacer al hombre hijo, amigo y contertulio suyo, dándole para ello a su propio Hijo Unigénito y el Espíritu de su Hijo. El misterio de la oración es el misterio del amor que Dios tiene al hombre.

La oración cristiana está situada en el punto equidistante de dos errores que aparentemente son contrarios: el ateísmo y el panteísmo. Ambos suprimen la posibilidad de la oración al suprimir la posibilidad del diálogo divino–humano. El ateísmo suprime a Dios, en beneficio del hombre; el panteísmo suprime al hombre, en beneficio de Dios. Pero es lo cierto que todo amor, incluso el divino, requiere pluralidad de personas que puedan comunicarse y entregarse. Por eso, la revelación completa del Dios que es Amor Perfecto es precisamente la revelación del Dios trinitario. Porque Dios es eso, ni más ni menos: Amor perfecto; o, si se quiere, sencillamente Amor (1 Jn 4:8).

Dios quiere dialogar con nosotros porque nos ama. La oración es la respuesta que le damos a su invitación al diálogo; o mejor todavía, es el diálogo realizándose ya: *Muchas veces y de muchas maneras habló Dios en otro tiempo a nuestros padres por ministerio de los profetas; últimamente, en estos días, nos habló por su Hijo.*[1] Debido a que nos ama, y a que, por lo tanto, quiere comunicarse con nosotros, nos ha hablado y nos ha dado su propio Verbo, haciéndonos

---

[1]Heb 1: 1–2.

sus interlocutores verdaderos porque verdadero quiere ser su amor con nosotros. Por eso nos ha introducido en su Hijo y nos ha dado el compartir su vida por participación, dándonos también el Espíritu para que ore por nosotros, ya que nosotros no sabríamos hacerlo: *El mismo Espíritu aboga por nosotros con gemidos inenarrables.*[2]

El Hijo es Palabra del Padre, y es amado por Él en un Amor que es también, a la vez, Amor y respuesta del Hijo. Ese Amor, que es el Espíritu, nos es dado a nosotros para que, por Él, poseamos al Hijo y en el Hijo vayamos hasta el Padre, participando así del misterioso diálogo trinitario. El Espíritu nos da la posibilidad de hacer oración, que es lo mismo que decir que nos da la posibilidad de ser contertulios de Dios.

Esto puede servirnos solamente como punto de partida, porque la oración es mucho más que un diálogo entre Dios y el hombre. Pues, así como en el seno de la Trinidad el diálogo entre el Padre y el Hijo se consuma, se acaba y se expresa en el Amor del Espíritu; así como ese diálogo se expresa en la entrega y donación mutuas del Padre y del Hijo en el Amor que es el Espíritu, del mismo modo, y puesto que la oración es una llamada al hombre para que participe en el diálogo trinitario, este diálogo divino–humano está llamado a consumarse en la entrega mutua en el Amor. Por eso el Espíritu en nosotros es, a la vez, la posibilidad misma de la oración y la señal de que ya estamos en Dios, en coentrega de decires y de posesión de amor: *El Espíritu mismo da testimonio a nuestro espíritu de que somos hijos de Dios...*[3] *No seréis vosotros los que habléis, sino el Espíritu de vuestro Padre el que hablará en vosotros.*[4] Después veremos que el texto de Ro 8:26 hay que entenderlo en sentido fuerte: no sólo en el

---

[2]Ro 8:26.
[3]Ro 8:16.
[4]Mt 10:20.

sentido de que el Espíritu *intercede por nosotros*, lo que significaría *en favor nuestro*, sino en el de que ora *en* nosotros. El Espíritu nos ha sido dado para que, por Él, podamos escuchar y entender al Hijo, y para que, por el Espíritu y en el Hijo, podamos dar una respuesta perfecta al Padre, pues ya hemos dicho que la presencia del Espíritu en nosotros significa la posibilidad de nuestra conversación con Dios: la posibilidad de oír y ser oídos, la de entender y ser entendidos, la de amar y ser amados, la de ser dioses sin dejar de ser hombres: *Os digo la verdad; os conviene que yo me vaya. Porque, si no me fuere, el Paráclito no vendrá a vosotros.*[5]

La oración no es diálogo solamente, aunque de todos modos es diálogo. Por eso supone necesariamente diversidad de personas que mutuamente se hablan y se escuchan, las cuales, en este caso, son Dios y el hombre. Para lo cual es preciso que ambos tengan algo que decirse y, además, voluntad de hacerlo. Ahora bien, por parte de Dios, está clara su voluntad de dirigirse al hombre: lo ha creado, lo ha hecho partícipe de su vida y de hecho le ha hablado y le habla: *Muchas veces y de muchas maneras habló Dios en otro tiempo a nuestros padres por ministerio de los profetas; últimamente, en estos días, nos habló por su Hijo...*[6] *Este es mi Hijo amado; ¡escuchadle!*[7] Y no es que Dios se dirija ahora a los hombres con palabras, sino que, habiéndoles enviado a su propio Verbo, en Él lo ha dicho todo y nada más le ha quedado por decir, en frase de San Juan de la Cruz. En el prólogo de su Evangelio nos dice San Juan que la Palabra fue enviada a los hombres. Y el mismo Señor nos habla, en la parábola del sembrador, de la palabra de Dios dirigida a los hombres y de las diferentes maneras como es acogida por ellos.

---

[5] Jn 16:7.

[6] Heb 1: 1–2.

[7] Mt 17:5.

Dios nos ha hablado por medio de su Hijo. Pero las palabras del Hijo, contenidas en la Escritura y en la Tradición y custodiadas e interpretadas por la Iglesia, tienen que ser luego oídas por cada hombre y escuchadas en la intimidad personal. Sin olvidar que esta escucha y esta intelección, para que sean auténticas y no aparten de la verdad, tienen que ser hechas en la Iglesia y con la Iglesia. Es aquí donde interviene el Espíritu, sin cuya labor la revelación llamada oficial nunca terminaría de hacerse efectiva en nosotros: *El Abogado, el Espíritu Santo, que el Padre enviará en mi nombre, os lo enseñará todo y os traerá a la memoria todo lo que yo os he dicho.*[8] Y el Espíritu sopla donde quiere y como quiere, sin que podamos saber de dónde viene ni adónde va (Jn 3:8). Puede llegar hasta los hombres de modos muy distintos y en las circunstancias más diversas, pero el modo normal y mejor de hacerlo es a través de la oración. La oración se convierte así en el modo normal por el cual el Espíritu establece la comunicación Dios–hombre, por el que hace Él que comprendamos las palabras del Hijo a fin de que, a través de este último, escuchemos al Padre: *Las cosas que yo hablo, las hablo según el Padre me ha dicho...*[9] *Las palabras que yo digo no las hablo de mí mismo...*[10] *El que me ha enviado es veraz, y yo hablo al mundo lo que le oigo a Él.*[11] Y, al mismo tiempo que nos hace escuchar al Padre, nos da la posibilidad de dirigirnos a Él.

El Espíritu es el que hace que la palabra de Dios, dirigida al hombre, pueda ser respondida y convertirse en diálogo íntimo, que es la forma perfecta de comunicación entre las personas. De nuevo nos encontramos con la intimidad inefable de la vida trinitaria

---

[8] Jn 14:26.

[9] Jn 12:50.

[10] Jn 14:10.

[11] Jn 8:26.

trasladada al ser del hombre: el diálogo del hombre con Dios es un trasunto del diálogo trinitario.[12] Es un diálogo íntimo, personal, que parte del yo y se dirige al tú. Mientras no sea así, la Palabra de Dios será para el hombre algo parecido a *la voz de muchas aguas*.[13] El diálogo no se hace con muchedumbres, sino en la intimidad, en un ámbito mucho más reducido. Por eso, cuando Dios quería dirigirse a su Pueblo, llamaba aparte a Moisés para dialogar con él. El término del hablar y del amor divinos es siempre la intimidad de las personas. Algo de esto quería decir San Pablo cuando, expresándose en singular y hablando de Jesucristo, decía: *El cual me amó y se entregó por mí*.[14] Y lo mismo la esposa del Cantar, cuando decía: *Mi amado es para mí, y yo soy para mi amado*.[15] Al final de todo el Señor acaba siempre diciéndonos, como a la samaritana: *Soy yo, el que habla contigo*;[16] o como al ciego de nacimiento que le preguntaba quién era el Hijo del hombre: *Le estás viendo: es el que habla contigo*.[17] Además, el Señor llama a cada una de las ovejas por su nombre (Jn 10:3); y eso significa el término íntimo, individual y personal en que viene a consumarse el amor divino.

---

[12]La comparación con el diálogo trinitario es analógica. Salvadas las diferencias aquí también se trata de un diálogo y de una intimidad reales, como es real la participación por el hombre de la vida divina.

[13]Ap 1:15.

[14]Ga 2:20.

[15]Ca 6:3.

[16]Jn 4:26.

[17]Jn 9:37.

EL DIÁLOGO DIVINO–HUMANO Y LA COMUNICACIÓN ENTRE LOS HOMBRES

Entre el diálogo divino–humano, que es la oración, y el misterioso diálogo trinitario hemos advertido una cierta analogía. Pero también el diálogo —la comunicación— entre los hombres es, a su vez, una imitación imperfecta del diálogo del hombre con Dios. Lo que hace que, cuanto más intenso y mejor sea el diálogo personal de algún hombre con Dios, tanto mejor podrá hacerse escuchar ese hombre por los otros. La razón por la que, con tanta frecuencia, los hombres no se entienden entre sí se encuentra quizás en la incapacidad, previamente puesta de manifiesto, de llegar a entenderse con Dios. El fundamento del diálogo o de la comunicación entre los hombres es el diálogo previo con Dios, así como el fundamento del amor entre los hombres es la previa relación de amor divino–

humana. De ahí que a los hombres les resulta imposible entenderse entre sí cuando dejan de hablar con Dios.

El diálogo divino–humano puede fracasar por parte del interlocutor humano, pero nunca por parte de Dios. En cambio, cuando se trata de hombres que se hablan y se escuchan mutuamente, el diálogo puede fracasar por culpa de cualquiera de las dos partes. Refiriéndose a cualquier tipo de comunicación entre los hombres, hablando en general y en sentido muy amplio, podemos decir que el diálogo puede fracasar, unas veces por culpa del que escucha, y otras, quizá las más, por obra y gracia del que habla. De ahí la necesidad de que cuidemos el modo de dirigirnos a los otros, para que la comunicación no fracase por nuestra culpa. Y para eso hace falta la conversación previa con Dios, la cual, entre otras cosas, ha de ser muy sincera.

Esto tiene gran importancia en todas las formas de apostolado, pero sobre todo en la predicación ministerial. San Pablo decía que él hablaba a los suyos *con palabras aprendidas del Espíritu;*[1] y el mismo Señor aseguraba que Él nos hablaba las palabras que había escuchado del Padre,[2] lo que parece más lógico todavía cuando se piensa que, al fin y al cabo, Él es la Palabra del Padre. Parece claro, por lo tanto, que, sin escuchar previamente a Dios y sin dialogar con Él, no se está en disposición de dirigirse a los hombres, y menos aún como portavoz de Dios. Será más fácilmente escuchado y entendido el hombre que haya aprendido a hablar con Dios: *Lucerna pedibus meis verbum tuum et lumen semitis meis.*[3] Si el hombre no escucha y responde a esa Palabra, se extraviará y extraviará a los demás. Por eso San Pablo deseaba que la Palabra se encontrara abundante-

---

[1] 1 Cor 2:13.
[2] Cf Jn 14:10, etc.
[3] Sal 119:105.

mente entre los cristianos de Colosas, e incluso parece exigirlo como condición para poder amonestarse y enseñarse unos a otros: *La palabra de Cristo habite en vosotros abundantemente, enseñándoos y amonestándoos unos a otros con toda sabiduría.*[4] También San Juan parece decir que la Palabra ha de estar en nosotros si queremos conocernos y practicar la sinceridad de corazón: *Si decimos que no hemos pecado, su palabra no está en nosotros.*[5] Y lo mismo parece exigir para que los jóvenes posean la virtud de la fortaleza y puedan vencer al maligno: *Os escribo, jóvenes, porque sois fuertes, y la palabra de Dios permanece en vosotros, y habéis vencido al maligno.*[6] En cuanto al Señor, proclamó como supremamente bienaventurados a los que escuchan la palabra de Dios y la guardan (Lc 11:28); añadiendo que, el que oye su palabra, creyendo en Aquél que los envió, tiene ya la vida eterna (Jn 5:24), comparándola incluso con una semilla que, cuando cae en buena tierra, puede dar fruto abundante: el treinta, el sesenta, o el ciento por uno (Mt 13:23).

---

[4]Col 3:16.

[5]1 Jn 1:10.

[6]1 Jn 2:14.

RECHAZO DE LA ORACIÓN Y CRISIS DE FE

Si no hay deseos de dialogar no puede haber diálogo, y por eso, cuando el hombre no quiere saber nada de Dios, la oración se hace imposible y no hay lugar alguno para ella. En realidad esta negativa es la única causa del fracaso de la oración. Hoy padecemos una crisis de la oración que es seguramente la más grave de la Historia. Sin embargo el Evangelio hacía notar ya la actitud de los demonios, que rechazaban cualquier clase de trato o de diálogo con el Señor: *¿Qué tenemos que ver contigo, Hijo de Dios? ¿Has venido aquí antes de tiempo, para atormentarnos?*[1] Y, en efecto, parece como si el hombre de hoy ya no tuviera que ver nada con Dios; inquieto y turbado por muchas cosas, como la Marta del Evangelio (Lc 10:41), parece como si se encontrara en una situación de imposibilidad de

---

[1] Mt 8:29.

oír o de entender a Dios y hasta trata de justificarse con argumentos. Tal vez por eso decía el Señor: *¿Por qué no entendéis mi lenguaje? Porque no podéis oír mi palabra.*[2]

No vamos a exponer aquí los argumentos con los que se intenta justificar el abandono de la oración, pues son bien conocidos. Solamente vamos a recordar, contra todos ellos, que la oración es necesaria. En el libro de los Hechos se dice que los Apóstoles —que habían convivido con el Maestro y habían recibido abundantemente el Espíritu— reconocieron que no era razonable que ellos se dedicaran exclusivamente al servicio de las mesas, *pues debemos atender a la oración y al ministerio de la palabra.*[3] Texto sobre el que se pueden hacer dos observaciones. La primera se refiere a que la oración se pone en él en primer lugar, incluso antes que el ministerio de la palabra. La segunda hace notar que la tarea a la que se alude en el texto, al hablar del servicio de las mesas, es claramente un ejercicio de la caridad del que se dice, sin embargo, que no puede bastar.

La actual crisis de la oración es uno de los aspectos de la crisis actual de la fe. Quizá ambas se condicionan recíprocamente. La predicación carece con frecuencia de contenido sobrenatural, y ya no parece el eco de una palabra de Dios que hubiera sido escuchada antes de ser transmitida. San Pablo, según decía él, enseñaba con palabras *aprendidas del Espíritu.* Pero muchos predicadores de hoy prefieren más bien aprender del mundo, escrutando ciertos *signos de los tiempos*, en los cuales, según ellos, es donde mejor se puede encontrar el auténtico contenido de la Revelación. Con lo que adoptan la actitud de juzgar y de explicar al mundo por el mundo mismo, y por eso su palabra, más bien que palabra de Dios, es palabra puramente humana. Esta predicación acaba siendo mundana, en cuanto

---

[2] Jn 8:43.
[3] Hech 6: 2–4.

que habla siempre de las cosas del mundo y, además, en perspectivas puramente mundanas: *Ellos son del mundo; por eso hablan del mundo y el mundo los oye.*[4] En uno de los textos más antiguos de la literatura cristiana se dice lo siguiente: *Esos —me dijo— son creyentes, y el que está sentado en la silla es un falso profeta, que destruye la mente de los siervos de Dios; mas destruye la de los vacilantes, no la de los fieles verdaderos. Los vacilantes acuden a él como a un adivino, y le preguntan sobre lo que les va a suceder; y él, el falso profeta, como quien no tiene en sí pizca de fuerza de espíritu divino, les contesta conforme a las preguntas de ellos, según los deseos de su maldad, y llena sus almas a la medida de lo que ellos pretenden. Y es que, estando él vacío, vacuamente responde a gentes vacuas; porque, cualquier cosa que se le pregunta, responde conforme a la vacuidad de quien le pregunta. Sin embargo, no deja de decir algunas palabras verdaderas, pues el diablo le llena de su propio espíritu, a ver si logra así hacer pedazos a alguno de los justos.*[5] El falso profeta, por lo tanto, aparece con aires doctrinales y de suficiencia, con doctrina propia, independiente y distinta de la del Magisterio de la Iglesia —está sentado en la silla—, y la destrucción que lleva a cabo de los siervos de Dios comienza siendo doctrinal. Pero los fieles destruidos no son los fieles verdaderos, sino los vacilantes; o aquellos que, en el fondo de su corazón, ya han hecho una opción contra Dios. Estos vacilantes, aunque ya han decidido a favor de su egoísmo, buscan no obstante una cierta seguridad, y por eso preguntan al falso profeta como si fuera un oráculo. El cual les contesta según los deseos de su maldad y lo que ellos quieren oír, y no según la verdad. Aunque no deja de decir también cosas verdaderas, en un entresijo de verdades a medias mezcladas con falsedades, con el fin de dar más apariencia

---

[4]1 Jn 4:5.

[5]*Pastor de Hermas*, Mandamiento Undécimo.

de verdad a sus reclamos y engañar así mejor a unos y a otros. Al
verdadero creyente no le queda otra salida, ante todo esto, que la
de la obediencia humilde a la verdadera Iglesia y la práctica de la
oración.

El rechazo de la oración corresponde a la opción por una cierta
filosofía de la praxis en cuyo fondo subyace la ideología marxista.
Como se sabe, para el marxismo la filosofía ha sido inútil hasta ahora, porque no ha cambiado a los hombres. El trabajo es lo único
que hace al hombre verdaderamente hombre, y no la especulación o
la contemplación. En vez de contemplar al mundo, lo que hay que
hacer es actuar para cambiarlo. En la teología católica no hubo nunca contradicción entre acción y contemplación, a pesar de algunas
exégesis menos afortunadas de Lc 10: 41–42 que pretendían ensalzar
el valor de la oración en detrimento de la acción. En los santos se ha
dado siempre una síntesis acabada y perfecta de acción y contemplación, que son elementos que, no solamente no se contraponen, sino
que ni siquiera podrían hacerlo. Hoy la cuestión está superada como
tema de especulación, aunque no en la práctica, pues son muchos los
que se han decidido por la acción abandonando la oración. Con lo
que se ha llegado, dentro del catolicismo, a practicar una Pastoral
puramente humana que no es sino la prueba de que la sal del Evangelio se ha vuelto sosa y la cruz se ha desvirtuado. Lógico final al
que tenía que llegar un cierto complejo psicológico de inferioridad,
y de lo que llaman *desencarnación* con respecto al mundo, que sufre
la Iglesia de hoy.

LA PRÁCTICA DE LA ORACIÓN

La oración es fácil y difícil a la vez. Es fácil, porque la oración no es otra cosa que diálogo y efusión de amor entre Dios y el hombre. Sin embargo, como el hombre es un ser herido por el pecado, se le han hecho difíciles ciertas cosas que tendrían que haber sido siempre fáciles. Entre ellas está la práctica de la oración.

El aprendizaje de la oración dura toda la vida, sin que nadie pueda decir jamás que ya la conoce a fondo. La oración verdadera es siempre un misterio para el que la practica. Lo cual es una afirmación que no debe parecer extraña si se recuerda que la intimidad del diálogo divino–humano es inefable: solamente Dios conoce las profundidades del Espíritu, así como también las del corazón humano (Ro 8:27; 1 Cor 2:10; Sal 7:10; Jer 17:10; Ap 2:23). Por eso se equivocaría quien creyera que basta con conocer las reglas que suelen explicar los místicos, a veces con profusión de detalles, para saber dónde nos encontramos en el camino de la oración.[1]

El problema de la dificultad de la oración es parte del problema de las dificultades que existen para vivir seriamente la fe. Por otra parte, entre la oración y la verdadera vida cristiana existe mutua relación, hasta el punto de que ambas se condicionan recíprocamente. Esto por lo que respecta a la oración que podríamos llamar de iniciación, que ha de considerarse como normal para cualquier cristiano. Porque, si nos referimos a la práctica más avanzada de la oración, nos encontramos con dificultades mucho mayores, incluso graves, que necesitan bastante heroísmo para ser superadas y que pasan desapercibidas para el común de los cristianos.

Es evidente que el desaliento ante estas dificultades está tan poco justificado como el desaliento ante las dificultades que hay que superar para vivir una vida cristiana seria. Y como la oración es necesaria, si es que se quiere intentar seriamente vivir según las enseñanzas de Jesucristo, hay que estar dispuesto a practicarla y a trabajar con denuedo para que los demás hagan lo mismo. Todo ello en la misma medida en que se quiera que la vida cristiana sea una realidad. Si un apóstol no se propone como meta de sus tareas la enseñanza de la vida de oración, es quizá porque ha fracasado en ella, y seguramente también en la totalidad de su vida cristiana. El sacerdote, por ejemplo, que cuenta entre sus misiones la de enseñar a orar a la comunidad que le ha sido confiada, demuestra tibieza, falta de fe, o cobardía ante la cruz si no cumple esa tarea. Lo que sería

---

[1]Con ello no queremos negar la utilidad de las enseñanzas de los místicos en materia de oración. Lo que queremos decir es que parece imposible un conocimiento puramente teórico de la oración. Y, además, que esas reglas no sirven demasiado, por sí solas, para conocer con exactitud la verdadera situación del hombre que ora. En este punto, como en tantos otros, las mediciones exactas se las reserva Dios.

algo sumamente grave, porque nuestro mundo está más necesitado que nunca de gentes que recen.

EL SILENCIO

La oración necesita silencio, tanto exterior como interior. Antes del pecado el hombre conversaba con Dios como una cosa normal; pero, después de la caída, se hizo más difícil para él escuchar la voz de Dios. Las cosas adquirieron para el hombre una realidad mayor que la presencia divina, y su ruido comenzó a oírse con más fuerza que la voz del Creador.

El Señor buscaba el silencio para orar. Por eso se retiraba al monte (Lc 6:12; 22:39), o al desierto (Mt 4; Mc 1; Lc 4); buscaba la madrugada (Mc 1:35), o bien la noche (Mt 14:23), combinando la soledad del lugar y lo apropiado de la hora, como se ve en esos textos.

Las cosas, que son buenas en sí, no tendrían que apartarnos de Dios. Pero, como el hombre es un ser trastornado, corre el peligro de ocuparse de las cosas desordenadamente y quedarse en ellas, sin llegar a Dios. Y de todas maneras, aunque no hubiera desorden en nosotros —como no lo había en el Señor—, seguiríamos necesitando la soledad y el silencio para conversar con Dios, siquiera en algunos momentos del día. Lo cual se debe a que Dios desea que le reconozcamos como Señor de las cosas y totalmente distinto de ellas. Y difícilmente podríamos hacer eso si no sacrificamos las cosas durante algunos momentos del día, apartándolas de nuestros cuidados y preocupaciones a fin de volvernos a Dios y escuchar tranquilamente su voz. El abandono de las cosas y el silencio en el que se sumergen, aunque sean momentáneos, adquieren entonces para nosotros un valor sacrificial que nos prepara para que podamos escuchar la voz de Dios. Es el momento en el que Él nos habla en el silencio: *Y le dijo: He aquí que va a pasar Yavé. Y delante de él paso un viento fuerte y poderoso que rompía los montes y quebraba las peñas; pero no estaba Yavé en el viento. Y vino tras el viento un terremoto; pero no estaba Yavé en el terremoto. Vino tras el terremoto un fuego, pero no estaba Yavé en el fuego. Tras el fuego vino un ligero y blando susurro. Cuando lo oyó Elías se cubrió el rostro con su manto, y saliendo, oyó la voz.*[1] El ruido que producen las cosas del mundo, que indudablemente puede aturdirnos, se desvanece ante la voz de Dios, que es la que hace que lo comprendamos todo (Jn 14:26; 16:13). Ante la fuerza de esa voz los otros ruidos se apagan y adquieren su verdadero sentido. El Evangelio nos dice que el clamoreo que anunciaba la llegada del Esposo se hizo sentir a la media noche: *A la media noche se oyó un clamoreo: Ahí está el esposo; salid a su encuentro.*[2] Pero la media noche es la hora del máximo silencio; el momento más alejado, tanto del declinar del día como de su

---

[1] 1 Re 19: 11–13.
[2] Mt 25:6.

principio o amanecer, según decía San Juan de la Cruz: y es precisamente a esa hora cuando llega el Esposo. También el salmista busca las horas solitarias para hablar con Dios: *Et meditatus sum nocte cum corde meo.*[3] Porque la voz de Dios, oída en el silencio de la oración, es la que lo aclara todo y le da a cada cosa su verdadero sentido, poniéndola en su lugar propio. Es la voz de la Sabiduría, o la Sabiduría misma, que llega hasta nosotros en el silencio: *Un profundo silencio lo envolvía todo, y en el preciso momento de la media noche, tu palabra omnipotente, de los cielos, de tu trono real, cual invencible guerrero, se lanzó en medio de la tierra.*[4] Y así es como la Sabiduría se queda con nosotros y en nosotros, haciéndonos capaces de comprender y juzgar todas las cosas (1 Cor 2:15), que es algo que nada tiene que ver con la posesión de la ciencia, la cual por sí sola, no sirve para nada (1 Cor 8:1; 13:8).[5]

De ahí la necesidad que tenemos de buscar el silencio, sobre todo en ciertos momentos del día, a fin de poder escuchar la voz del Señor. Dicen que el Petrarca se subió solo a un monte y que allí, contemplando el paisaje, se dio cuenta de que el hombre es el centro de todas las cosas. También nosotros, cuando reflexionamos en soledad, tendemos a considerarnos como el centro del universo. Sin embargo, a la luz de la oración, no nos quedamos ahí, sino que contemplamos a Dios como centro de ese centro: más íntimo a mí que yo mismo, decía San Agustín, porque la luz de la oración añade la auténtica sabiduría a la claridad del puro humanismo. El hombre, sin esa luz, corre peligro de des–centrarse, creyéndose el único centro del mundo y no llegando jamás a conocerse a sí mismo. Pues, aunque

---

[3]Sal 77:7.

[4]Sab 18: 14–15.

[5]Decía Gilson que estos tiempos nuestros son tiempos de mucha ciencia, pero de poca sabiduría. *Linguistique et Philosophie. Essai sur les constantes philosophiques du Language*, Paris, 1969.

en la oración Dios nos habla sobre todo de Sí mismo, también nos habla de nosotros, que somos, al fin y al cabo, hechura suya a su imagen y semejanza. En la quietud y en el silencio de la oración el Espíritu nos habla de Jesús, sin cuyo conocimiento el hombre no llega nunca a conocerse a sí mismo.

Pero el hombre de nuestro tiempo apenas si conoce el silencio. Y lo que es peor, lo rehúye, pues no soporta encontrarse a solas consigo mismo. Como Adán, teme oír en el silencio de la tarde declinante la voz de Dios que lo interpela (Ge 3:8), y por eso, se esconde también. El miedo al silencio del hombre moderno es miedo de encontrarse consigo mismo y, en último término, de oír la voz de Dios.

Hay tiempo de callar y tiempo de hablar, decía el Eclesiastés. Ese tiempo de callar es seguramente tiempo de callar para con los hombres, pero porque es tiempo para hablar con Dios. Hay un tiempo para hablar con los hombres, y hay un tiempo también para sumergirse en el silencio y oír allí la voz de Dios. El Cantar de los Cantares nos habla de la llegada del Esposo en la tranquilidad del reposo nocturno:

> *Ábreme, hermana mía, esposa mía,*
> *paloma mía, inmaculada mía.*
> *Que está mi cabeza cubierta de rocío*
> *y mis cabellos de la escarcha de la noche.*[6]

Es necesario que todos los días, durante algún tiempo, nos apartemos de las faenas ordinarias para dedicarnos a escuchar en el silencio la voz del Señor: *Él les dijo: Venid, retirémonos a un lugar desierto para que descanséis un poco; pues eran muchos los que iban y venían y no tenían tiempo ni para comer.*[7]

---

[6]Ca 5:2.
[7]Mc 6:31.

El hombre moderno encuentra siempre objeciones contra todo esto. No hay tiempo. Además, también puede hacerse de la vida una oración. Pero en el fondo se trata siempre de lo mismo; lo que importan son las cosas; no vale la pena dedicar un tiempo exclusivamente a hablar con Dios. De todos modos, encontrar tiempo para dedicarlo solamente a la oración no es cuestión de tenerlo (el hombre inteligente nunca tiene tiempo libre, dado que el aburrimiento es un privilegio de los tontos), sino de estar convencido de que hay que buscarlo. Y siempre se encuentra cuando se está convencido de que tal cosa es una verdadera necesidad. Ya lo decía también el Eclesiastés:

> *Todo tiene su tiempo,*
> *y todo cuanto se hace debajo del sol tiene su hora.*[8]

---

[8]Ece 3:1.

LOS ENEMIGOS DEL SILENCIO
LAS DISTRACCIONES

Es más fácil conseguir el silencio por fuera que por dentro. Todos sabemos bien que las ansiedades, la memoria y la imaginación pueden perturbarnos bastante. De esta última decía Santa Teresa que es como la loca de la casa, y que por eso, a veces, es mejor dejarla y no hacerle caso. Es un hecho cierto que las preocupaciones del quehacer cotidiano pueden convertirse en un obstáculo grave para la oración:

> *¡Ah! Cazadnos las raposas,*
> *las raposillas pequeñitas,*
> *que destrozan las viñas,*
> *nuestras viñas en flor.*[1]

---

[1]Ca 2:15.

La lucha contra las distracciones en la oración dura todo el día, y en modo alguno se limita al tiempo dedicado a la oración. Hay que hacer un esfuerzo serio para vivir la presencia de Dios durante el día, además de pedir humildemente la paz interior, que es un fruto del Espíritu Santo (Ga 5:22). Con ello el tránsito de la actividad diaria a la oración se hará con cierta naturalidad, lo que sería imposible de otro modo. Por eso es absolutamente necesario cuidar la imaginación y los sentidos durante todo el día, lo cual, por razones bien conocidas, hace especialmente difícil para el hombre actual la vida de oración.

BÚSQUEDA DEL SILENCIO
LUCHA CONTRA LAS DISTRACCIONES

Es conveniente ayudarse con algún libro para la oración, al menos durante los primeros tiempos. Libro que ha de ser preferentemente el de la Biblia, sobre todo el Nuevo Testamento. Pues, siendo la oración una conversación con Dios, parece normal que su voz nos llegue a través del libro que tiene como autor al Espíritu Santo, que será quien nos haga comprenderlo profundamente en nuestra oración personal. Siempre sin olvidar que la autentificación del Espíritu corresponde solamente a la Iglesia, y que no puede haber enseñanza privada que contradiga a la enseñanza pública refrendada por el Magisterio.

La ayuda del libro será necesaria durante mucho tiempo, quizás durante años, y posiblemente nunca se podrá prescindir de ella enteramente. Al menos eso será lo normal, aparte de que Dios puede conducir a los hombres por caminos extraordinarios cuando quiere. Un abandono prematuro del libro puede conducir a una oración estéril. Pero tampoco debe prolongarse su uso más tiempo del que sea necesario; pues, al fin y al cabo, la lectura es sólo una ayuda para la oración, y Dios no necesita de nada para comunicarse con los que ama. Por lo demás es bien sabido que el amor, a medida que se va perfeccionando, va prescindiendo de medios, incluso del lenguaje. Hay que evitar aquí dos peligrosos extremos. Ante todo, nadie debe apresurarse a abandonar el libro, creyendo vanamente que ya ha llegado adonde en realidad no ha llegado todavía. Por el contrario, no hay que tener miedo de abandonar el libro cuando haya llegado el momento de hacerlo. Como es lógico, es conveniente obrar siempre bajo la guía de un buen director espiritual, pues, además, aquí está involucrado el problema clásico de la diferencia entre meditación y contemplación, del cual hablaremos en su lugar.

Hay que tener cuidado de no convertir la oración en un rato de lectura. Siendo la oración una conversación amorosa entre Dios y el hombre, tiene que consistir, por lo tanto, en hablar y escucharse mutuamente. El que se limita a leer, escucha, pero no responde; todo lo más reflexiona o dialoga consigo mismo. Y, aunque lo contenido en la Biblia es ciertamente la palabra de Dios, hace falta, además de eso, que el Espíritu la haga llegar a nuestro corazón, transcendiendo la letra (2 Cor 3:6). No basta con haber encontrado la voz del Espíritu por muy auténtica que sea, pues podríamos quedarnos sin saber de dónde viene ni adónde va (Jn 3:8), ni qué es lo que quiere de nosotros. Es cierto que el Espíritu puede obrar directamente en el alma, con la lectura o sin ella, y de hecho así lo hace con frecuencia. Pero en la oración es mejor abrir el corazón y escuchar, en la tranquilidad del silencio, lo que Él quiera decirnos, más allá de la letra y del lenguaje humano e incluso de nuestras imágenes y conceptos. De otro modo puede ocurrirnos aquello contra lo cual nos avisaba el Señor: que leamos la palabra pero sin entenderla, y entonces el demonio la quite pronto de nuestro corazón (Mt 13:19). Según el Señor, su palabra produce fruto en nosotros cuando, además de oída, es entendida (Mt 13:23); o recibida, según dice también en otro lugar (Mc 4:20). Además, si Dios dirige la palabra al hombre, es porque espera de él una respuesta; ya que si nos habla es por amor, y no existe amor que no espere respuesta del amado. Por eso Él se queja cuando no encuentra esa respuesta: *¿Por qué cuando yo venía no hallaba a nadie, y cuando llamaba nadie me respondía?*[1] Y el Esposo se dirige a la esposa del Cantar demandando una respuesta de amor:

> *¡Oh tú, que habitas en jardines,*
> *hazme oír tu voz!*[2]

¡Hazme oír tu voz! Si Dios es capaz de solicitar el amor del hombre, toda la pequeñez humana queda borrada para siempre. Si Dios quiere oír nuestra voz, conocer de nosotros mismos los sentimientos de nuestro corazón, hacer suyos nuestros problemas, convertir en suya nuestra vida y en nuestra la suya (Ga 2:20), estamos ante la Alegría y ya nada importa, ni siquiera nuestras miserias. Porque Dios ha llegado a nuestro lado para intimar con nosotros: *El Maestro está ahí y te llama.*[3] De esta manera hemos descubierto, con enorme sorpresa, que existe Alguien para quien no somos vulgares; que puede colmar nuestro corazón —que anda siempre tan hambriento de ternura y nunca saciado—; y para quien la mediocridad y la pequeñez con que el mundo nos considera no son tales, pues pagó por

---

[1] Is 50:2.

[2] Ca 8:13.

[3] Jn 11:28.

nosotros con su vida. Por lo cual, desde el momento en que Dios ha creído que el hombre es capaz de ser su contertulio, ya no puede haber alguno sobre la tierra que pueda considerarse a sí mismo pequeño, mediocre o aburrido.

Pero, con libro o sin él, a menudo será imposible evitar las distracciones. Para Santa Teresa, a veces hasta es ventajoso dejar que esa loca de la casa, que es la imaginación, vaya por donde quiera. Y es que el camino de la oración pasa por muchos lugares sumamente difíciles. Pero de eso hablaremos después.

LA IMITACIÓN DE JESUCRISTO

La oración se hace muy difícil, por no decir imposible, si no va acompañada de una seria voluntad de imitar a Jesucristo. A su vez, la imitación de Jesucristo se hace imposible sin la oración. En realidad ambas se exigen mutuamente. Hablemos, pues, ahora, de la imitación del Señor, como algo que acompaña siempre al desenvolvimiento normal de la vida de oración.

No se trata de que el cristiano tenga que ser ya un buen imitador de Jesucristo para avanzar en la oración, y menos aún para empezar a practicarla. La imitación del Señor es más una meta por alcanzar que una meta lograda, hasta el punto de que nadie puede decir que ya ha llegado a ella: *Yo corro, no como a la ventura...*[1] *Corred,*

---

[1] 1 Cor 9:26.

pues, de modo que lo alcancéis...[2] *No es que la haya alcanzado ya, es decir, que haya logrado la perfección, sino que la sigo por si logro apresarla, por cuanto yo mismo fui apresado en Cristo Jesús. Hermanos, yo no creo haberla alcanzado todavía; pero, dando al olvido lo que ya queda atrás, me lanzo tras lo que tengo delante, mirando hacia la meta, hacia el galardón de la soberana vocación de Dios en Cristo Jesús.*[3] El Señor es siempre, por lo tanto, una meta por alcanzar. Pero además, aunque lo hubiéramos alcanzado ya, de todos modos aún estaríamos dentro del camino, porque así es como Él se llamó a Sí mismo —*Yo soy el Camino*[4]—, añadiendo además que la meta definitiva es solamente el Padre (Mt 5:48; Jn 14:2 y siguientes). No se necesita ser perfecto para hacer verdadera oración. En cambio es absolutamente necesaria, si es que se quiere progresar en ella, la voluntad seria de imitar a Jesucristo. Pues es impensable un trato íntimo con Dios sin poseer el Espíritu, según vimos ya. Pero el Espíritu es Espíritu del Hijo, además de serlo también del Padre, y, por lo tanto, solamente es poseído por el que produce en su existencia frutos de vida cristiana (Ga 5:22). La teología de los dones nos dice también que la vida de oración no alcanza su perfección sin esos regalos sutiles y delicados que capacitan al hombre para actuar lo sobrenatural de modo sobrehumano; y esos dones proceden, a su vez, de Aquél que es Él mismo un Don, el Don por excelencia, el Espíritu Santo (Jn 4:10; 7:39).

Si no hay vida cristiana el Espíritu de Cristo no está en nosotros, y sin el Espíritu de Cristo no es posible la oración. San Juan lo insinúa bellamente en un pasaje de su Evangelio: *El que tiene esposa es el esposo; el amigo del esposo, que le acompaña y le oye, se*

---

[2] 1 Cor 9:24.

[3] Flp 3: 12–14.

[4] Jn 14:6.

alegra grandemente al oír la voz del esposo; pues así mi gozo es cumplido.[5] De manera que el amigo del esposo oye la voz del esposo; y la oye porque le acompaña, porque está a su lado, pues ¿cómo iba a oírla si no fuera así? El Señor lo dijo claramente: para oír su voz es necesario ser de la verdad (Jn 18:37); sólo el que es de Dios oye las palabras de Dios (Jn 8:47). San Pablo piensa también que la vida de oración es imposible sin el Espíritu: *El Espíritu viene en ayuda de nuestra flaqueza, porque nosotros no sabemos pedir lo que nos conviene; pero el mismo Espíritu aboga por nosotros con gemidos inenarrables.*[6] Según esto, San Pablo reconoce que no sabemos orar, afirmación que debemos entender seguramente en su sentido más fuerte: no podemos orar por nosotros mismos. Y que es un eco de lo que dijo el Señor: *Sin mí, no podéis hacer nada,*[7] o, si se quiere, una repetición de lo que dijo el Apóstol en otro lugar: *Os hago saber que nadie puede decir "Jesús es el Señor" sino en el Espíritu Santo.*[8] Esta imposibilidad de orar no se refiere a un grado determinado de oración, algo así como que no somos capaces de alcanzar una oración elevada por nosotros mismos. Va mucho más allá y toca a lo más fundamental, porque ni siquiera sabemos lo que nos conviene y, por lo tanto, menos aún vamos a saber pedirlo. La razón la pone San Pablo en nuestra flaqueza, refiriéndose sin duda a la flaqueza moral, pero también a la imposibilidad absoluta en la que nos encontramos para acceder a lo sobrenatural sin la intervención de Dios.

Sin embargo este obstáculo se convierte, por bella paradoja, en motivo de gloria para nosotros. Porque entonces el mismo Espíritu viene en nuestra ayuda y aboga por nosotros. Y como ese Espíritu

---

[5] Jn 3:29.

[6] Ro 8:26.

[7] Jn 15:5.

[8] 1 Cor 12:3.

es el de Cristo, podemos concluir otra vez que no podemos orar si no vivimos la vida de Cristo. Ora por nosotros si está en nosotros, lo que podemos entender en el sentido fuerte de que nos presta su fuerza y su voz para que nos dirijamos al Padre: en el Hijo, por el Espíritu Santo, nos dirigimos al Padre. Así es como participamos del diálogo trinitario. Introducidos en el Hijo por el Espíritu y hechos verdaderamente hijos por Él (1 Jn 3:1). Por lo cual dijo el Apóstol: *Que no habéis recibido el espíritu de siervos para recaer en el temor; antes habéis recibido el espíritu de adopción, por el que clamamos ¡Abba! ¡Padre! El Espíritu mismo da testimonio a nuestro espíritu de que somos hijos de Dios.*[9] De donde el Espíritu ora en nosotros, con nosotros y por nosotros, lo cual no supone que hayamos llegado a la perfección, pues precisamente el Espíritu viene en ayuda de nuestra flaqueza. El Señor aludía a esto en el diálogo con la samaritana: los verdaderos adoradores, los que el Padre necesita, adorarán *en espíritu y en verdad;*[10] texto en el que probablemente no se refiere tanto el Señor a una adoración espiritual —es evidente a todas luces que toda adoración lo es—, cuanto a una adoración al Padre hecha precisamente en el seno del Espíritu, en el cual vive el que ora. Lo mismo parece insinuar San Judas: *Pero vosotros, carísimos, edificándoos por vuestra santísima fe, orando en el Espíritu Santo, conservaos en el amor de Dios.*[11] Y seguramente también el Señor en otro pasaje de San Mateo: *No seréis vosotros los que habléis, sino el Espíritu de vuestro Padre el que hablará en vosotros.*[12]

La vida de oración exige una voluntad seria de vivir según el Espíritu de Jesucristo, y todas las técnicas que no contienen esta base

---

[9]Ro 8: 15–16.

[10]Jn 4: 23–24.

[11]Jds 20–21.

[12]Mt 10:20.

fundamental no sirven de nada. Y por eso todo fracaso en la vida de oración suele suponer un fracaso previo en la vida cristiana. Pues no se puede pretender llegar a una comunión de amor con el Padre, por el Espíritu, si no se tiene una comunión de vida con el Hijo hecho hombre. La oración es comunicación, comunión, mutua efusión de amor, diálogo amoroso, entrega y donación mutuas e intercambio total de vidas; todo lo cual es imposible entre seres o personas cuyas vidas son extrañas entre sí. La vida del que ora es un reflejo de su oración, y la oración es un reflejo de la vida de quien la hace; de ahí que sea inimaginable la vida de oración sin la lucha seria para vivir como cristiano. Ante todo, porque una auténtica vida de oración desemboca siempre en una vida cristiana; pero, además, porque sin la lucha para vivir como cristiano ni siquiera se llega a pensar en la vida de oración: *El hombre animal no percibe las cosas del Espíritu de Dios; son para él locura y no puede entenderlas, porque hay que juzgarlas espiritualmente.*[13] Donde hace el Apóstol dos afirmaciones de importancia para nuestro tema. En la primera dice que el hombre animal no puede percibir las cosas que provienen del Espíritu de Dios (en el versículo anterior ha hablado de las enseñanzas del Espíritu); y en la segunda, yendo más allá, añade que, aun cuando las perciba, de todos modos le parecen locura, es decir, cosas impropias, disparatadas y fuera de lugar: literalmente, propias de locos.

Insistamos en que con esto no queremos decir que la oración es algo exclusivo de los verdaderos cristianos. Si así fuera, nos encontraríamos enseguida con la dificultad de averiguar quiénes son los verdaderos cristianos; y ningún hombre se va a atrever a presumir de ser buen discípulo del Señor, pues el que sea mejor discípulo es precisamente el que menos lo hará. Por lo tanto, esperar a ser perfecto para hacer oración sería lo mismo que condenarse a no hacerla

---

[13] 1 Cor 2:14.

nunca. Lo único que hace falta es buena voluntad y el deseo serio de imitar al Señor. La tendencia a creer que la oración es cosa de privilegiados ha resultado nefasta en la historia de la Iglesia. Lo mismo ha ocurrido con ciertas virtudes, como la pobreza, por ejemplo, sobre las que no siempre se ha sabido construir una auténtica espiritualidad que sepa encajarlas en todos los modos y condiciones de vida de los cristianos en la Iglesia. En realidad la oración es para todos —y hablamos de la oración mental, por supuesto—, como lo son también la pobreza y la castidad; aunque luego cada uno tenga que vivir esas realidades según la forma y manera propias de su estado y condición. La oración no es una cosa que hacen los perfectos, sino una cosa que se hace para ser perfectos. O, en todo caso, para ser mejores. Porque, uno de los efectos que produce en el hombre la oración, es el de hacerle ver lo lejos que está de la perfección: justamente a la misma distancia a la que se encuentra de Jesucristo. La oración es precisamente para tratar de imitarlo, y tratando de imitarlo es como se aprende a hacer oración. Dos amantes se entienden entre sí, en unidad de decires y de amores, cuando los dos andan también entre sí en comunión de vidas, en unidad de conductas y trabajos.

LA MORTIFICACIÓN Y LA ORACIÓN

Lo que vamos a decir ahora es consecuencia de lo dicho antes, una vez establecido que la imitación de Jesucristo es necesaria para la vida de oración. El camino que recorre el discípulo del Señor es un camino de cruz.

También aquí es verdad que el desarrollo de la vida de oración es proporcional al despliegue de la mortificación, y que los dos se condicionan mutuamente. Sin mortificación no hay progreso en la oración, y sin oración el cristiano no se decide a practicar la mortificación. Éste es uno de los obstáculos con los que tropieza a menudo la vida de oración, y también la prueba, una vez más, de que la vida cristiana es un todo del que no se puede separar ninguna de las partes. Por otro lado, la vida de oración, al menos en ciertos momentos de su evolución, lleva consigo necesariamente una participación especial en la cruz del Señor que incluso es muy acentuada en sus grados más elevados, como veremos después.

Aquí no vamos a hablar del cumplimiento del deber propio de cada uno, que podría considerarse como la primera y más elemental de las mortificaciones y sin la que no cabe forma alguna de auténtica oración. Se supone que es un problema resuelto para el que se ha decidido seriamente a practicar la oración.

Por lo que hace a la postura corporal más adecuada para hacer oración, hay que decir que, al menos en principio, cualquier postura respetuosa puede ser buena. Todo el mundo conoce la expresión de San Ignacio de Loyola con la que dice que la oración también puede hacerse *supino rostro arriba*. Seguramente es aventurado establecer una regla fija en favor de una determinada postura en la oración. Serán las circunstancias las que lo decidirán, por lo que nos vamos a limitar aquí a establecer algunas aproximaciones.

No debemos olvidar que la postura corporal es un medio con respecto a la oración, y aun la misma oración es, a su vez, un medio para la unión con Dios. Pero los medios no deben desorbitarse, que es lo que ocurre generalmente cuando se olvida que están subordinados a su fin propio, y que son tanto mejores cuanto mejor conducen a ese fin. Es por eso por lo que hemos dicho que cualquier postura respetuosa puede ser buena para hacer oración. Establecido esto, también es cierto que determinadas posturas corporales pueden influir en el mejor desarrollo de la oración, y que, según las circunstancias, algunas pueden ser mejores que otras. Por ejemplo, la postura de rodillas parece que es la mejor para la oración, pues ya hemos dicho que ésta lleva consigo una especial participación en la cruz del Señor y que por eso va muy unida a la mortificación. Además, en la oración del cristiano es fundamental su carácter de súplica, lo que tiene especial importancia sobre todo para aquellos que tienen por oficio el apostolado; y no debe olvidarse que tiene más fuerza ante Dios la súplica que va acompañada de una mayor participación en la cruz de Jesucristo. Este punto suele ser descuidado por algunos que confunden la oración fructuosa con la oración fervorosa, olvidando que no siempre van juntas la una y la otra y que es imposible para nosotros conocer el fruto obtenido en la oración. Puede suceder que una oración difícil sea, sin embargo, más provechosa para el que ora o para los demás. En realidad la oración personal —que a veces es llamada *privada*, con terminología poco feliz— nunca carece de repercusión sobre los otros miembros del Cuerpo Místico. La oración contiene siempre un valor de impetración que alcanza también a los demás y que le es esencial. Olvidar esto puede degenerar en la práctica de cierta oración *piadosa* que no es sino una caricatura de la auténtica oración. El sacerdote sobre todo, especialmente consagrado para interceder por el pueblo, debe prestar una atención especial al modo como hace su oración y a la manera de integrar en ella su participación en la cruz del Señor; su oración siempre mira a los demás, de una manera o de otra. Cuando Moisés oraba a Dios, mientras los israelitas luchaban contra Amalec, los suyos llevaban la ventaja en la batalla mientras él permanecía con los brazos alzados; pero cuando, obligado por el cansancio, los bajaba, eran los amalecitas los que vencían.[1]

A veces no será posible hacer la oración de rodillas. Aparte del caso de enfermedad, no será conveniente esta postura cuando la tensión o el cansancio puedan hacer más difícil la oración. De todos modos, el que hace oración debe pensar, según la oportunidad y siempre según su generosidad y su amor, que la oración es más valiosa cuando es más mortificada. Sin perder de vista que la mortificación, por sí sola, no le da más valor a la oración, sino solamente

---

[1]Cf Ex 17.

en la medida en que es expresión de un amor mayor, pues ahí es donde está la clave de toda la vida cristiana.

Lo mismo debemos decir con respecto a las horas más adecuadas para hacer oración. En principio cualquier hora es buena para hacerla, aunque no cabe duda de que las primeras horas del día, o aquellas en las que la tarde declina, son las más apropiadas. Pero el Evangelio nos dice también que el Señor hacía la oración muy de madrugada, y que a veces tomaba tiempo de las horas de la noche. Está claro que el Señor procuraba conseguir la mayor soledad y el mayor silencio, pero sin duda que aquí queda también consignada una actitud de mayor sacrificio y de mayor amor: al valor, ya de por sí, de la mortificación del sueño, se une el deseo de buscar aquellos momentos en los que nada se resta del trabajo ordinario y, por lo tanto, de la entrega a los demás.

La mortificación constante de la imaginación y de la vista, y la vigilancia de las lecturas, son necesarias para la vida de oración, la cual solamente puede desarrollarse en un medio ambiente de paz del corazón y de serenidad interior.

La lectura plantea problemas importantes. La gran abundancia de publicaciones obliga a escoger necesariamente, y, puesto que no hay tiempo para leer lo bueno, grave sería ponerse a leer lo malo, porque además se arruinaría la vida de oración. Hay que tener especial cuidado con los libros que contienen doctrinas contra la fe o que atentan contra la castidad; son extraordinariamente abundantes y los primeros no siempre fáciles de distinguir por un lector poco preparado. En cuanto a la lectura de periódicos, baste decir que, si bien el cristiano ha de ser hombre de su tiempo, no puede dedicarse a la lectura indiscriminada de cualquier prensa, por razones obvias, además de la necesidad de practicar aquí una buena ascética si es que se quiere ir adelante en la vida de oración. Lo mismo podría decirse de los espectáculos en sentido amplio, hoy tan abundantes y tan al alcance de la mano, y de la televisión.

La mortificación en la comida tiene una importancia especial en la vida de oración. Es interesante releer las curiosas consideraciones de San Agustín sobre este tema.[2] Los autores espirituales están de acuerdo en que la mortificación en la comida y en la bebida, además de su valor ascético y de impetración, conduce al dominio de la sensualidad y proporciona agilidad al espíritu, con la consiguiente facilidad para la práctica de la oración. Lo cierto es que, si un cristiano quiere dedicarse seriamente a la vida de oración, tiene que plantearse seriamente también el problema de la mortificación en la comida. Los ayunos y abstinencias de otros tiempos han quedado reducidos hoy casi al recuerdo, y muchos cristianos apenas si los conocen ya. Con respecto a la alimentación, el mundo moderno ofrece situaciones dispares: los que comen poco, pero a la fuerza, porque no tienen más; y los que comen demasiado y no quieren oír hablar de moderación en la comida como no sea por razones de estética personal. Además, en los países ricos los niños son educados en el desconocimiento absoluto de cualquier tipo de ascética en la comida, a pesar de la necesidad que tienen de ello como ingrediente de su formación humana, e incluso dejando aparte consideraciones de orden sobrenatural.

También es necesaria la mortificación del sueño en la vida de oración. No se trata de dormir poco y de verse luego imposibilitados, durante el día, de cumplir bien los propios deberes. Lo que hay que hacer, sencillamente, es dormir todo lo necesario y solamente lo necesario. En realidad, cuando se le concede demasiado al sueño, se tiende luego durante la vigilia a seguir dormitando y con la mente demasiado embotada. Además de que, si se duerme demasia-

---

[2] Cf *Confesiones*, X, 31.

do, será muy difícil encontrar tiempo para la práctica de la oración, como no sea restándolo indebidamente del que hay que dedicar al cumplimiento de los propios deberes. En cuanto a las razones sobrenaturales, que son siempre las más importantes, podemos recordar otra vez la absoluta necesidad de participar de la cruz del Señor para el que quiera adentrarse seriamente en la vida de oración.

La mortificación en el trato con los demás es igualmente necesaria. No nos referimos aquí a la caridad, ni a la necesidad de esa virtud para la oración, en su sentido positivo y en todo lo que supone su despliegue como virtud capital de la vida cristiana, porque tal cosa es demasiado evidente. Aquí hablamos de la práctica común y corriente de la vida diaria, en su aspecto sobre todo de vencimiento propio en cuanto al trato con los otros. Las razones son patentes. No se puede pretender gozar de intimidad de trato y conversación con Dios sin tenerla también con los que nos rodean, pues no se puede amar a Dios, al cual no vemos, si no amamos también al prójimo con el que vivimos y a quien vemos (1 Jn 4:20). San Pedro exhortaba a los maridos a tratar con discreción y amor a sus esposas, y daba para ello una razón: para que nada impida sus oraciones (1 Pe 3:7). Por lo demás, la caridad y la oración van siempre inseparablemente unidas, de tal modo que el progreso en una de ellas supone indefectiblemente el progreso en la otra. Ya dijimos algo de esto cuando hablamos del paralelismo existente entre el desarrollo de la oración y el de la vida cristiana. Al fin y al cabo la caridad es el alma de la vida cristiana, y puede servir bien como piedra de toque de la oración.

Además de todo esto, el hombre de oración tendrá que practicar otras muchas mortificaciones, tanto internas como externas, pues ya hemos dicho que la oración es imposible sin la mortificación del cuerpo y del espíritu. Sin la mortificación, ni el espíritu tendrá la

agilidad necesaria para elevarse a la oración, ni el cuerpo se dejará
llevar a ella. Lo que ocurrirá aunque haya buena voluntad, si es que
se puede llamar así a la que no pone los medios y olvida que el
espíritu está pronto, en efecto, pero que la carne sigue siendo débil
(Mt 26:41). Dado que el hombre es una unidad sustancial de cuerpo
y alma, cuando hace oración ora con todo lo que es, con su alma
y con su cuerpo; y por eso, las dificultades y las glorias del uno
redundan siempre en dificultades y glorias para el otro.

ENTRE LA MEDITACIÓN Y LA CONTEMPLACIÓN

En casi todo lo dicho hasta ahora nos hemos referido sobre todo a la oración mental, que algunos llaman simplemente meditación. En cuanto a la oración vocal, si queremos establecer un criterio de distinción entre ella y la oración mental, podemos contentarnos aquí con decir que la primera se atiene a fórmulas fijas mientras que la segunda da curso libre a la espontaneidad.

Pero la oración mental, a su vez, se divide en otras dos maneras de oración que han sido designadas ordinariamente por los autores con los nombres de meditación y contemplación. Dejando aparte también otras clasificaciones y terminologías, que pueden consultarse en cualquier tratado, vamos a limitarnos aquí a decir algo sobre las relaciones que guardan entre sí estas dos maneras de oración.

Parece que entre la meditación y la contemplación existen diferencias, no solamente de grado, sino también esenciales. Según algunos, el papel que desempeña el que ora en la meditación es más bien activo, mientras que en la contemplación es sobre todo pasivo o receptivo. Otros dicen que en la meditación se trabaja con la mente (el sacar agua del pozo, que decía Santa Teresa), mientras que en la contemplación se es enseñado directamente por el Espíritu (el agua de lluvia que cae y hace innecesario el esfuerzo para sacar agua del pozo, según decía también Santa Teresa). Todos estos criterios de distinción, y otros muchos que podrían citarse, son ciertos. Pero no de manera absoluta, por lo que no deben ser tomados muy al pie de la letra. En realidad el problema es mucho más complicado, como corresponde a algo tan complejo y dependiente de lo sobrenatural como es la oración. Recordemos que San Juan de la Cruz posee una excelente doctrina sobre el tema, con criterios para diferenciar la meditación de la contemplación y saber el momento en que se ha de pasar de la una a la otra.[1]

No puede decirse, sin más, que la actitud del que ora es más bien activa en la meditación. No cabe duda de que en ella hay también una actividad del Espíritu, aun dejando de lado el hecho de la necesidad absoluta de la gracia (aquí estamos hablando de la oración con valor sobrenatural, aunque después diremos algo sobre la oración del no justificado). Y si se dice que es cuestión de más o de menos, en el sentido de que, en la meditación, le corresponde principalmente al hombre el papel activo, las dificultades subsisten. En el mundo de lo sobrenatural, en el que nos estamos moviendo ahora, es disparatado otorgar al hombre la iniciativa en alguna cosa. La verdad es que Dios tiene sus modos de hacer y sus caminos diferentes, y a veces obra en el hombre muy al modo humano, que es precisamente lo que sucede aquí.

---

[1]Cf especialmente el Libro II de la *Subida al Monte Carmelo*, capítulo 13.

En cuanto a la afirmación de que en la contemplación el papel del hombre es más bien pasivo, tampoco parece muy afortunada. Pues siendo la oración diálogo, comunicación de amor y entrega mutua, no se entiende fácilmente cómo puede hacerse eso en la pasividad de cualquiera de las partes.

Es probable que haya que buscar la solución por otros caminos. En la meditación el hombre dialoga con Dios, aunque al modo humano pero elevado por la gracia. Dios influye en el hombre actualizando su mecanismo psicológico normal. En la contemplación, en cambio, el Espíritu interviene de un modo mucho más directo con sus dones, que influyen en el hombre y le hacen obrar de un modo, no solamente sobrenatural, sino también sobrehumano. En la contemplación las virtudes infusas son elevadas a un alto grado de perfección, al mismo tiempo que el hombre se siente introducido en el mundo de lo sobrenatural y elevado muy por encima de sus posibilidades, e incluso de lo que nunca hubiera podido imaginar.

Al hombre no le corresponde nunca la iniciativa, ni siquiera en la oración más simple. Incluso el impío necesita al menos de la gracia actual para dirigirse a Dios. Aunque su oración, nacida de la doble acción de la gracia actual y de la cooperación humana, será indudablemente escuchada.

Aquí se plantea además el problema de las interferencias. Por el hecho de que se interfieren mutuamente, ni la meditación ni la contemplación suelen darse en estado puro, y puede hacerse muy difícil distinguirlas. La oración puramente meditativa, en la que no se mezcle pronto algo de contemplación, es cosa rara. Lo mismo ocurre con la contemplación, en la cual, por lo menos al principio, se vuelve a menudo a la simple meditación. El camino que conduce de la meditación a la contemplación es una línea discontinua, en la que puede haber momentos de parada e incluso de retroceso.

Por otra parte, nada impide que una vida de oración tenga su inicio en alguna manera de contemplación, y hasta parece que esto es bastante normal en cualquier itinerario espiritual. Por supuesto que se tratará de una contemplación muy rudimentaria que tendrá que ser purificada, pero sin que eso impida que pueda alcanzar un particular grado de intensidad.

Es evidente que las irregularidades del camino son imputables al hombre que ora. Pero la bondadosa pedagogía divina sabe adaptarse a ellas y aprovecharlas para el bien del hombre. Aquí es necesaria la humildad. Y tampoco hace falta que el hombre se preocupe demasiado por el punto en que se encuentra en el camino de la oración, siendo mucho mejor que centre sus preocupaciones en la cuestión de su generosidad con Dios. La verdad es que el que busca sinceramente a Dios se preocupa más de sus progresos en el Amor que de sus progresos en la oración.

En la vida de oración, si el hombre es generoso con Dios, llegará un momento en el que la vuelta a la meditación será prácticamente imposible. No porque se haya llegado a un momento estabilizado de oración fervorosa. Todo lo contrario. Puede ocurrir que el sentimiento de ausencia de Dios sea tan fuerte que aparezca ante el hombre casi como la única realidad. Cuando esto sucede, los libros no sirven de ayuda y la vuelta a la meditación se hace imposible: Dios parece haberse callado para siempre. Estamos en las *Noches* de las que hablaba San Juan de la Cruz, de terrible obscuridad, pero que presagian también la alborada del nuevo día en el itinerario espiritual.

El paso de la meditación a la contemplación depende de Dios, como todo lo que ocurre en la vida sobrenatural. Pero también depende de la respuesta del hombre a la gracia. La obra es toda de Dios, pero sin que eso impida que los méritos del hombre sean verdaderamente méritos: *Dios es el que obra en vosotros el querer y el obrar, según su beneplácito.*[2] Obra de Dios, pero que actúa en el hombre un querer y un obrar que son verdaderamente humanos: realizados por el hombre en entera libertad, puede decirse, por lo tanto, que son verdaderamente suyos. Por eso decía San Agustín: *Procura no oír en vano: "Regocijaos en Dios, nuestro ayudador" (Sal 80:2). Pues, si por ti mismo cumplieses todo, no necesitarías ayudador. Por otra parte, si tú no hicieses nada que procediese de tu voluntad, no sería llamado ayudador; pues el ayudador ayuda al que hace algo.*[3] Podemos decir, pues, una vez más, que el progreso en la oración depende del progreso en la imitación del Señor. Cuanto más y mejor vaya viviendo el hombre según el Espíritu del Señor, más irá entendiendo el lenguaje de ese Espíritu, y más se irá introduciendo en el misterio del diálogo trinitario (1 Cor 2:14; Ro 8:5; 1 Cor 2:12).

El paso de la meditación a la contemplación significa para el hombre el paso del modo de obrar humano al modo de obrar divino. O mejor: el paso del obrar humano, elevado por la gracia, al obrar sobrehumano elevado también por la gracia. Aquí comienzan a actuar en el alma del hombre que ora los dones del Espíritu Santo. Y el lenguaje propiamente humano se hace inservible y hay que abandonarlo, como corresponde a un medio que es ya insuficiente para expresar lo que Dios y el hombre desean comunicarse: como la larva que se ha convertido en mariposa, que abandona el capullo que ya no sirve y echa a volar. Estamos ya en los linderos de la contemplación.

Este progreso no será posible sin la humildad. Que se manifestará, por ejemplo, en la disposición a dejarse guiar por un buen maestro de la vida espiritual, para evitar el peligro del que avisaba el Eclesiastés: *¡Ay del hombre que está solo; porque si cae, no tendrá*

---

[2] Flp 2:13.

[3] *Enarrationes in Ps*, 143, 6.

quien lo levante![4] También exige la humildad que el que ora vuelva a ayudarse del libro todas las veces que sea necesario, lo que se conocerá en el hecho mismo de que el libro puede utilizarse porque todavía es útil. No debe confundirse la imposibilidad de reflexionar, que se da en la auténtica contemplación, con la pereza que huye del esfuerzo que siempre es necesario para la oración.

Ya hemos dicho que la Biblia es el mejor libro de meditaciones. Pero quizá no es conveniente que un principiante empiece meditando en la Biblia por su cuenta, sin ninguna ayuda. Ante todo, porque no existe la garantía de una inspiración individual del Espíritu Santo, ya que solamente la Iglesia como tal posee la garantía de una recta interpretación de la Escritura. Y, además, porque Dios no suele actuar sino a través de los medios ordinarios. Hay que ayudarse, por lo tanto, de los buenos libros y de los buenos maestros, que pondrán en nuestras manos el tesoro de interpretaciones que una Iglesia de veinte siglos —Madre y Maestra de la verdad, iluminada por el Espíritu Santo— ha acumulado sobre la palabra revelada. Es por esto por lo que decía San Pedro: *Hacéis muy bien en atender a la palabra profética, como a lámpara que luce en lugar tenebroso, hasta que luzca el día y el lucero se levante en vuestros corazones. Pues debéis saber que ninguna profecía de la Escritura es de interpretación personal.*[5] Y un poco más adelante añade: *Considerad la longanimidad de nuestro Señor como salvación, según nuestro amado hermano Pablo os escribió, conforme a la sabiduría que a él le fue concedida. Es lo mismo que, hablando de esto, enseña en todas sus epístolas, en las cuales hay algunos puntos de difícil inteligencia, que hombres indoctos e inconstantes pervierten.*[6] El fruto de la oración que toma

---

[4]Ecc 4:10.
[5]2 Pe 1: 19–20.
[6]2 Pe 3: 15–16.

como base la Escritura depende con frecuencia de la existencia de buenos maestros.

La Sagrada Escritura ha de ser bien comprendida. En ella se contienen enseñanzas que responden a los problemas de los hombres de todos los tiempos; por lo tanto, también a los del hombre de hoy. Para conocer lo que realmente dice hace falta un cierto estudio de la exégesis, a la luz de las enseñanzas del Magisterio y según las posibilidades de cada uno. Es cierto que el Verdadero Maestro es el Espíritu Santo, pero nunca deben despreciarse los caminos ordinarios, a través de los cuales el Espíritu actúa. Después de eso hay que conocer también los problemas del mundo en el que se vive, a fin de poder aplicarles las soluciones que ofrece la palabra revelada.

Con lo cual no queremos decir que haya que apartar de la lectura y de la meditación de la Biblia a las gentes sencillas. La Constitución *Dei Verbum*, del Concilio Vaticano II, recomienda precisamente todo lo contrario. Pero son cosas a tener en cuenta por los pastores de almas, especialmente por aquellos que deben iniciar a otros en la vida de oración.

Hoy es frecuente dar de lado a la Sagrada Escritura, lo mismo en la predicación que en lo que se refiere a la oración. Con la aparición del fenómeno de la predicación de tipo sociologizante o político, con escaso o nulo contenido sobrenatural, se ha ido prescindiendo de la Palabra de Dios. Lo mismo ocurre con la predicación que se limita a leer o a comentar *documentos* elaborados sin cesar y con profusión en ciertos despachos–laboratorios eclesiásticos, y cuya falta de realismo sólo es comparable a su pobreza de contenido sobrenatural. En cuanto a la práctica de la oración, no es raro que se prescinda de los libros sagrados para sustituirlos por otros *piadosos*, los cuales, aunque de contenido más o menos bueno, nunca pueden sustituir a la Sagrada Escritura como instrumento de oración.

La tarea de asimilar la palabra de Dios tal como la entiende la Iglesia, para entregarla a los demás —entendido esto en un contexto amplio— se enfrenta hoy con muchos peligros. Con respecto a la manera de exponer la palabra de Dios, se dio en pasados tiempos un fenómeno, que ha sido muy criticado, y que se ha venido llamando espiritualismo desencarnado. Se trataba de una forma de predicación enteramente ajena a lo que Dios desea, pues en ella abundaba más la oratoria que la doctrina. La misma expresión de *oratoria sagrada*, entonces tan frecuente, era ya sospechosa, porque, en efecto, había en ella demasiado de oratoria y poco de sagrado. Los Pastores no supieron ofrecer al pueblo cristiano la palabra de Dios según lo que dice de ella la Carta a los Hebreos: como algo vivo, eficaz y siempre actual.

Pero hoy los peligros no han desaparecido, y la desencarnación sigue presente en la catequesis, aunque de otras formas y maneras. Es frecuente en teología el abuso de una jerga ininteligible que muchos piensan que es científica; lo que no sería grave si todo se quedara en los recintos doctorales, y si el esoterismo del vocabulario no sirviera con frecuencia para encubrir doctrinas o filosofías incompatibles con la fe. Pero esa jerga llega hasta la más humilde catequesis oral y escrita, obscureciendo el contenido de la fe, cuando no traicionándola. Con ello, el sencillo pueblo cristiano, ajeno a esos problemas y a esos modos de hablar, tiene que sufrir una nueva desencarnación, en cierto modo peor que las anteriores. Ya el apóstol San Pablo había advertido a los corintios: *Así también vosotros, si con el don de lenguas no proferís un discurso inteligible, ¿cómo se sabrá lo que decís? Seréis como quien habla al aire... Si no conozco la significación de las voces, seré para el que me habla un bárbaro, y el que me habla será para mí un bárbaro... Doy gracias a Dios de que hablo en lenguas más que todos vosotros; pero en la iglesia prefiero hablar cinco palabras con sentido para instruir a otros, que decir diez mil palabras en lenguas.*[7] También acecha hoy a la predicación de la palabra de Dios el peligro del temporalismo. Bastante a menudo se limita la predicación a exponer unas opciones temporales de carácter político, muy dudosamente extraídas del contenido de la Revelación, que hacen pensar que la palabra de Dios está siendo prostituida descaradamente (Jer 23:36; 2 Cor 4:2; Ap 22: 18–19).

Hay que tener presente que, si es que se quiere iniciar a otros en la vida de oración, introduciéndolos para ello en las inagotables riquezas de la Palabra de Dios, tal cosa será imposible sin un verdadero amor a Dios y a los hombres. Pues es imposible entender la Escritura, ni hacerla entender, si no se posee el Espíritu de Dios, que es esencialmente Amor.

---

[7] 1 Cor 14: 9.11.18–19.

ORACIÓN Y PURIFICACIÓN

Ya hemos dicho antes que el progreso en la vida de oración lleva consigo un proceso purificador. La introducción en la vida divina y en el diálogo trinitario significa la intimidad con Dios, para lo cual es preciso que el hombre se deje conducir por el Espíritu de Jesucristo (Ro 8:14). El progreso en la oración es progreso en la amistad y el amor entre Dios y el hombre, lo cual es imposible sin la previa purificación del hombre. San Juan de la Cruz lo explica muy bien en la *Subida*, en su doctrina sobre las *Noches*. En efecto, la purificación del hombre no es otra cosa, a su vez, que la pobreza de espíritu, el desapego de las cosas y la mortificación de las pasiones (Mt 5:3; 10:38; 16:24; Mc 8:34).

Pero la misma oración es también un modo de purificación. Apenas comenzada la vida de oración ya se requiere el esfuerzo para perseverar en ella. El libro de los Hechos usa precisamente el término *perseverar* para decir que el grupo de los primeros discípulos permanecía constante en la práctica de la oración (Hech 1:14; cf 2:42). Sin embargo aquí no nos referimos a eso, sino a la purificación, mucho más profunda que tiene lugar en los grados más elevados de la oración. En ellos Dios purifica a los que llama a su intimidad, en tal manera que resulta imposible de imaginar por los que no lo han experimentado. Pues, los que han sido introducidos por el Espíritu en el Hijo, a fin de ser conducidos hasta el Padre, tienen que participar de la cruz del Hijo hecho hombre (Ro 6:4; 2 Cor 4:11), de un modo tanto más intenso cuanto más íntima sea la participación que hayan de alcanzar de la vida divina. Existe, pues, una purificación que es necesaria para la vida de oración, al mismo tiempo que tiene lugar la purificación en la oración y a través de la oración. Ambas purificaciones son la consecuencia de la necesidad que tiene el cristiano de compartir la cruz de Jesucristo, en provecho suyo y de los demás, puesto que forma parte del organismo sobrenatural que es el Cuerpo Místico de Jesucristo: *Ahora me alegro de mis padecimientos por vosotros y suplo en mi carne lo que falta a las tribulaciones de Cristo por su cuerpo, que es la Iglesia.*[1] La participación en la pasión del Señor es cosa que tiene lugar en todos los acontecimientos de la vida del cristiano, pero se actualiza de manera singular en la oración, de modo más intenso a medida que se va avanzando más en ella.

---

[1]Col 1:24.

LAS DISTRACCIONES COMO ELEMENTO DE PURIFICACIÓN

Una forma elemental de la purificación de la oración —muy alejada todavía de las verdaderas purificaciones, las cuales vienen después— es la lucha que hay que mantener contra las distracciones que la estorban. El que hace oración tiene que contar con ellas durante mucho tiempo —al menos eso es lo normal—, y ni siquiera puede saber si cesarán alguna vez. Las distracciones llegan enseguida, una vez pasados los fervores y las facilidades de los primeros momentos.

En teología mística es corriente decir que la vida espiritual es un camino que hay que recorrer: un itinerario del alma hacia Dios, según San Buenaventura; o una serie de moradas o de estancias por las que hay que pasar hasta llegar a lo más interior del castillo, según Santa Teresa; o una larga subida que conduce a la cima del monte de la perfección, según San Juan de la Cruz; o una serie de edades que han de transcurrir en el desarrollo de la vida interior, según Garrigou–Lagrange. En todos los autores se da el denominador común de un camino que hay que andar. Camino en el que existen, a su vez, un comienzo, unos medios para recorrerlo, unas dificultades, un progreso y un final. Al comienzo todo es fácil, pero pronto empiezan las dificultades. Los místicos han escrito abundante doctrina sobre el tema y alegan muchas razones para explicarlo. Dicen, por ejemplo, que Dios quiere purificar al hombre de su egoísmo e impedir que se busque a sí mismo, y por eso la pérdida del fervor sensible. Y las distracciones son, quizá, las primeras dificultades que aparecen en la vida de oración.

Lo primero que hay que hacer con las distracciones en la oración es no extrañarse ni asustarse de ellas, y después tratarlas con paciencia y humildad. La purificación de la memoria y de la imaginación es una tarea larga, en la que hay que tener en cuenta que no se trata de aniquilar estas facultades, que, además, son tan necesarias para la oración: el quietismo hace ya mucho tiempo que fue condenado.[1]

Las distracciones en la oración pueden ser culpables: fruto del pecado, de la tibieza, o simplemente de la debilidad humana. Estas distracciones pueden destruir la vida de oración, y por eso requieren una atención especial. Los remedios son los mismos que se proponen en la lucha contra la tibieza; en particular, la buena dirección espiritual, la mortificación (sobre todo la mortificación interior), y una voluntad muy sincera de hacer bien la oración. Dijimos ya que la oración exige siempre una cierta preparación remota, lo cual sig-

---

[1]DS 2201–2269. El quietismo es un fenómeno complejo que, en su forma más propia, aparece en el siglo XVII, pero que tiene antecedentes en las herejías gnósticas. En esencia lo que viene a defender es la aniquilación de las facultades del alma, con pérdida de la propia personalidad, para hacerse uno con Dios. Ver también DS 2365–2368.

nifica ascesis de las facultades del alma y la práctica constante de la presencia de Dios.

Sin embargo las distracciones más frecuentes en la oración son las involuntarias, supuesta la buena voluntad del hombre que ora. Seguramente lo más práctico que podemos decir acerca de ellas es que hay que soportarlas, con paciencia y humildad, durante todo el tiempo que sea necesario. Hemos dicho ya que las dificultades en la oración forman parte de la pedagogía divina, que de esta forma hace que el hombre deje de buscarse a sí mismo y ame a Dios de un modo más puro y desinteresado. Estas dificultades aumentan la humildad y la confianza en Dios, además de hacer que el hombre se conozca mejor a sí mismo y se convenza de la incapacidad de sus propias fuerzas.

La lucha contra las distracciones involuntarias hay que hacerla con energía, pero, sobre todo, con paz. Dios no las quita hasta que ya no son necesarias. En el camino de la vida espiritual pueden ser un medio de purificación y una manera especial de compartir la cruz del Señor. Santa Teresa llegó a convencerse de que, a veces, ni siquiera es conveniente luchar contra esa loca de la casa que es la imaginación, como ella decía; según ella es mejor no prestarle mucha atención, con tal de que la mente y el corazón estén unidos a Dios. Con frecuencia estas distracciones pueden ser convertidas en oración, luchando contra ellas y haciendo oración de súplica sobre su contenido. De todos modos, y aunque la lucha se haga con energía, no hay que olvidar que la oración no es una tortura del alma, pues, al fin y al cabo, es conversación y efusión amorosa con Alguien a quien se ama. La oración es con frecuencia causa de sufrimiento, incluso muy intenso, porque es el lugar ideal donde se comparte de una manera especial la pasión y la muerte del Amado; pero el sufrimiento de la oración nunca tiene nada que ver con una tortura psicológica.

En los comienzos de la contemplación llega un momento en el que se hace inútil, y hasta imposible, el empleo de las palabras y el uso de la imaginación. Cuando ocurre eso, es mejor dejar al corazón y a la mente estarse tranquilamente con el Señor: *Cuando oréis no seáis habladores, como los gentiles, que piensan que van a ser escuchados por su mucho hablar.*[2]

---

[2]Mt 6:7.

LAS TENTACIONES COMO ELEMENTO DE PURIFICACIÓN

Las distracciones más graves que pueden sufrirse en la oración son las tentaciones, que no son ajenas a ella y en cambio pueden ser muy intensas. No es extraño, porque el hombre ha de luchar más a medida que se acerca más a Dios, y la oración es el lugar ideal de ese acercamiento. Es normal que el demonio acumule dificultades en este lugar, que sirven, sin embargo, para que el hombre que ora participe más plenamente de la pasión de Cristo. El Evangelio dice que el Señor se retiró al desierto para hacer oración y penitencia y *ser tentado por el diablo*,[1] de donde se deduce que ciertos momentos, dedicados expresamente a la oración, pueden ir acompañados de un incremento especial de las tentaciones. Más claramente aún se

---

[1] Mt 4:1; Mc 1:13; Lc 4: 1–2.

comprueba esto en el episodio evangélico de la oración en el huerto
de los olivos, donde el Señor fue asaltado por el deseo de apartar
el sufrimiento y por una angustia que llegó a producirle sudor de
sangre. Una cosa es segura: el que quiera darse de lleno a la vida de
oración tiene que estar dispuesto a sufrir graves pruebas y grandes
sufrimientos.

Una de las tentaciones más frecuentes en la vida de oración es
la de abandonar. Abandonar la oración e incluso la vida espiritual.
Pero, en realidad, en la oración caben todas las tentaciones: desde la
de soberbia a la de gula espiritual hasta la de lujuria, pasando por la
tentación contra la esperanza; la lista sería larga y nunca completa.[2]

Las tentaciones inculpables, si son sufridas pacientemente, no
son obstáculo para la oración. El que ora no debe apenarse por ellas
ni abandonar la oración, aunque sufra intensamente. Ocurre con estas tentaciones como con las tormentas en el mar: el agua se agita
en la superficie pero está tranquila en las capas profundas. El alma
puede sentir aquí un sufrimiento muy agudo y, al mismo tiempo,
una paz serena en su ser más profundo. La tentación, quizás muy
dolorosa y causante de graves padecimientos morales y hasta físi-
cos, se convierte aquí en algo increíblemente bello. El tiempo que
dura puede parecer extremadamente corto también, a pesar del sufrimiento profundo, ya que el tiempo de la oración se vive a veces
de una manera muy peculiar: durante él las facultades del hombre

---

[2]San Pedro de Alcántara, en su *Tratado de la oración y meditación*, habla de las
tentaciones en la oración. Con respecto a las tentaciones de impureza, que él llama
pensamientos inoportunos, habla expresamente de ellas en la parte 2ª, capítulo 4º,
aviso 2º, donde dice: *El remedio es pelear varonil y perseverantemente, aunque
esta resistencia no ha de ser con demasiada fatiga y congoja del espíritu, porque
no es este negocio tanto de fuerza, cuanto de gracia y humildad.* En el 6º aviso
escribe unos buenos y muy humanos consejos contra el sueño en la oración, dignos
de admirar en un hombre como él, de tan extraordinaria vida ascética.

pueden ser elevadas a un modo de actuar sobrenatural y sobrehumano, en una participación muy íntima de la vida divina e incluso
con misteriosos efectos en el sentimiento del tiempo.

El que hace oración puede ser tentado a veces por la idea de que
ha perdido el tiempo, o por la de que su oración provoca el desagrado
de Dios. No son más que tentaciones, y el que ora debe contentarse
con saber que ha obrado con buena voluntad. En los planes ordinarios de Dios no entra el de darnos a conocer, mientras estamos
en este mundo, el fruto de nuestra labor; y ni siquiera si hubo o no
hubo fruto. A nosotros nos debe bastar con plantar y regar, dejando
a Dios el cuidado de dar el incremento (1 Cor 3:7). Además, esa
incertidumbre hace que el hombre se ejercite en la esperanza y en
la confianza en Dios (las cuales dan la seguridad, aunque por otro
camino), y le hace vivir también en esto la participación en la pasión
del Señor.

LA ORACIÓN Y LA CRUZ

La hora de la oscuridad en la oración es la hora de las *Noches*, y el que ora ha de estar dispuesto a pasar por ellas y a perseverar. Es el momento de encontrar a Dios en el sufrimiento, lo mismo que antes se le encontró en el consuelo: *Es justo anunciar por la mañana tu misericordia y por la noche tu verdad.*[1] Siempre es hora de bendecir a Dios, en los momentos fáciles y en los difíciles: a la luz del día, cuando todo se ve con claridad, cantamos a la bondad y a la misericordia de Dios; luego, durante la noche de la dificultad, nos acogemos a la verdad de Dios, a la seguridad esperanzada de que Él está con nosotros. En los momentos de la vida que son noche para el hombre puede parecer que no se ha hecho nada: *Maestro,*

---

[1]Sal 92:3.

toda la noche hemos estado trabajando y no hemos pescado nada.[2]
Estos momentos son frecuentes en una vida, como la del cristiano,
de la que forma parte importante la oración. Pero también es verdad
que esa noche del espíritu, en la que parece que todo va mal, es la
hora de ejercitar la esperanza en Dios, acogiéndose a su verdad, y
diciendo con San Pedro: *Mas porque tú lo dices, echaré las redes.* El
salmista llama bienaventurado al hombre que se complace en la ley
de Dios tanto de día como de noche (Sal 1:2). Por eso, en la noche
obscura de la oración, hay que pedir la gracia de la perseverancia.

La oración cristiana no excluye el sufrimiento. Pues, siendo la
oración un acercamiento entre los que se aman, es lógico que el
amante llegue donde el Amado para compartir su vida y, por lo
tanto, sus sufrimientos. San Lucas nos habla de la oración del Señor
en la noche de Getsemaní: *Lleno de angustia... sudó como gruesas
gotas de sangre.*[3] Y la Carta a los Hebreos dice que *habiendo ofreci-
do en los días de su vida mortal oraciones y súplicas, con poderosos
clamores y lágrimas, al que era poderoso para salvarle de la muerte, fue escuchado por su reverencial temor.*[4] La oración cristiana no
es siempre *agradable*, al menos según la significación que tiene ordinariamente esa palabra. Excluye siempre la tristeza (San 5:13; cf
1 Te 5: 16–17; Jn 3:29), pero de ningún modo el sufrimiento. Pues
la tristeza se opone a algo tan específicamente cristiano como es la
alegría (Flp 4:4; 1 Te 5:16; 2 Cor 6:10), mientras que, por el contrario, el sufrimiento fue vinculado por el Señor a una bienaventuranza
que lo es ya desde ahora (Mt 5:4).

Los momentos de la vida que son media noche —la media noche,
o el momento más oscuro de la noche, según decía San Juan de la

---

[2]Lc 5:5.

[3]Lc 22:44.

[4]Heb 5:7.

Cruz— son los de mayor necesidad de la oración, por ser los más difíciles. Y son precisamente los momentos en los que tenemos la mayor seguridad de ser escuchados, según dice el Señor mismo en una parábola que habla de la oración, la del amigo inoportuno: *Si alguno de vosotros tuviese un amigo, y viniese a él a medianoche y le dijera...*[5] Y el amigo de que habla la parábola, que llegó a medianoche, fue escuchado. El Esposo de la parábola de las diez vírgenes suele llegar también hacia la medianoche, en el momento más oscuro de ella por lo tanto y cuando menos se lo espera: *A la media noche se oyó un clamoreo: Ahí está el esposo; salid a su encuentro.*[6] Todo lo cual tiene plena actualidad en la oración, en cuya medianoche del sufrimiento y de la prueba suele llegar el Señor, después de probar y aquilatar la fidelidad y la paciencia de los santos, completando así la obra de la redención del mundo. De ahí la necesidad de velar y perseverar, esperando contra toda esperanza (Ro 4:18), con la seguridad de que el Señor llegará en cualquier momento —un momento que es siempre imprevisible— y de que no faltará a su fidelidad: *Velad, pues, vosotros, porque no sabéis cuándo llegará el amo de la casa; si por la tarde, si a medianoche, o al canto del gallo, o a la madrugada.*[7]

Según lo que hemos dicho, el sufrimiento en la vida de oración es causado, tanto por la necesidad de purificarse que tiene el que ora, como por la de compartir la pasión del Señor. Las dos clases de purificación se confunden en una. Pero, mientras que la purificación por los propios pecados puede llegar a su fin —por haber culminado, con la gracia, en un estado en el que ya no es necesaria—, no ocurre lo mismo con la purificación por los pecados de los demás. Es por eso

---

[5]Lc 11:5.

[6]Mt 25:6.

[7]Mc 13:35.

por lo que, aunque queden acabadas las purificaciones de los sentidos y de las potencias del alma, y queden atrás las correspondientes
Noches, los sufrimientos en la oración continúan durante toda la vida. Pero el sufrimiento propio de esta segunda etapa tiene caracteres
que lo diferencian de la primera etapa o purgativa. El sufrimiento
destinado a compartir la pasión del Señor por los pecados de los
hombres, aunque sea más intenso, va siempre acompañado del gozo,
de la serenidad, de la fortaleza, de la paciencia, de la esperanza y,
en general, de los frutos que la presencia del Espíritu produce en el
hombre que ama a Dios y que aquí se dan con especial intensidad.
De todos modos, las dos maneras de sufrimiento no se continúan con
exactitud en el tiempo, pudiendo mezclarse o predominar la una o la
otra en momentos diversos. Pero lo cierto es que, cuando las *Noches*
han quedado ya atrás, el sufrimiento es de orden tan distinto como
para que se pueda decir que se ha convertido en gozo, y como para
que el Esposo pueda decirle a la esposa del Cantar de los Cantares:

> *Levántate ya, amada mía,*
> *hermosa mía, y ven:*
> *Que ya se ha pasado el invierno*
> *y han cesado las lluvias.*
> *Ya han brotado en la tierra las flores,*
> *ya es llegado el tiempo de la poda*
> *y se deja oír en nuestra tierra*
> *el arrullo de la tórtola.*[8]

El Esposo llega cuando ha pasado el invierno y han cesado las
lluvias, pues no hay encuentro con Él sin el sufrimiento previo, ya
que el amor tiende siempre a compartir la vida del amado: *Dime,*

---

[8]Ca 2: 10–12.

fatuo, ¿de qué se hace la mayor comparación y similitud? Respondió que de Amigo y Amado. Preguntáronle la razón de esto, y dijo que a causa del amor que había entre los dos.[9]

Los sufrimientos y pruebas no deben impedirnos la perseverancia. Solamente los que perseveran llegan a conocer lo que es la oración. La Escritura se complace en prometer a estos tales el premio que aguarda a la perseverancia: *Y al que venciere, y al que conservare hasta el fin mis obras... Yo le daré la estrella de la mañana.*[10] De nuevo la alusión a la mañana, al momento del amanecer en el que aparece el lucero que señala el comienzo de un nuevo día. La estrella matutina que se dará a los que perseveren en Jesús, cuya posesión es sentida como el premio mejor por aquellos que van avanzando por los caminos de la oración: *Yo, Jesús... Yo soy la raíz y el linaje de David, la estrella brillante de la mañana.*[11]

---

[9]Raimundo Lulio, *Libro del Amigo y del Amado*, 191.

[10]Ap 2: 26–28.

[11]Ap 22:16.

NOCIONES ELEMENTALES SOBRE LA CONTEMPLACIÓN

La primera pregunta que puede hacerse aquí es acerca de la actualidad de la cuestión. La respuesta es rotundamente afirmativa. Un mundo que sufre y que tiene hambre de Dios, aunque no reconozca esto último, necesita dirigirse a Dios y escucharlo. Quizá llegue el momento, si cae en la cuenta de que el camino que sigue ahora conduce a la locura, en el que sienta de nuevo la necesidad de la oración. La Iglesia también ha de darse cuenta de que no puede seguir adelante sin la oración y de que su subsistencia depende de ella (Lc 21:36; Mt 26:41). Hablar de la oración, y de la oración tal como la han practicado los santos, es hablar del único medio que seguramente tenemos todavía para continuar el camino. Creer en ella es creer en la bondad de Dios, que tan generosamente se ha manifestado con respecto al hombre. Y es también creer en el hombre, por lo menos en muchos hombres, que se niegan a renunciar a su amistad con Dios y a su conversación con Él. Hablar de la contemplación significa creer que sigue existiendo aún la santidad, la cual no es otra cosa que la feliz conjunción de la bondad de Dios y de la respuesta generosa del hombre. Es verdad que muchos hombres, incluso de Iglesia, se avergüenzan hoy de hablar de la santidad. Pero eso no dice nada en contra de la santidad, lo mismo que un amanecer, o un ocaso de sol, seguirían siendo hermosos aunque los hombres se empeñaran en decir que son feos.

Aquí entendemos por contemplación los grados más avanzados de la oración mental, a los que el hombre no puede llegar si no es conducido por gracias especiales de Dios. Estas gracias especiales suponen, por parte del hombre, una colaboración también especial, que se concreta en un grado elevado de generosidad con el que el hombre responde a la gracia que lo solicita y lo eleva. La contemplación es un modo íntimo y singular, sobrenatural y sobrehumano, de comunicación entre Dios y el hombre. Sobrenatural porque supone la gracia santificante; y sobrehumano porque hay en él una actualización especial de los dones del Espíritu Santo, que causan aquí la elevación del hombre a un estado en el que se encuentra muy por encima de sus modos normales de conocer y de amar. Las virtudes infusas que lleva consigo la gracia santificante son puestas en acción por gracias actuales, de tal modo que el hombre obra sobrenaturalmente, desplegando posibilidades que superan a su naturaleza; pero al modo humano y según los mecanismos psicológicos normales. En cambio, las gracias especiales que causan en el hombre la contemplación, le hacen obrar de manera sobrehumana, capacitándolo para entender y amar al modo divino. Es un despliegue singular de la vida divina en el hombre, resultado de la unión de las generosidades divina y humana. Esta última se hace posible por la gracia; pero de todos modos, y precisamente por eso, el acto del hombre es aquí un verdadero acto humano, y por lo tanto meritorio.[1]

Al hablar de la contemplación es necesario utilizar un cierto vocabulario —gracias singulares y especiales, dones especiales del Espíritu Santo, grados más elevados de oración...— que puede inducir a pensar que la contemplación se resuelve en lo que suele llamarse fenómenos extraordinarios de la vida mística, con lo que quizás se pierda de vista lo que es esencial en la vida contemplativa. Los fenómenos místicos extraordinarios, aunque pueden darse en ciertos grados elevados de oración, no constituyen lo esencial en la contemplación. Es evidente que la verdadera contemplación supone una vida interior fuera de lo normal; pero hay que precisar bien los términos, pues los fenómenos extraordinarios pueden faltar en vidas auténticamente contemplativas. Hay también una mística verdadera que suele ser desconocida, incluso para el hombre que la vive. La verdad es que la auténtica oración contemplativa no gusta de la publicidad ni siquiera para sí misma, y suele autoignorarse, si no en cuanto a su existencia, al menos en cuanto a la interpretación de los hechos como tales hechos místicos. La oración contemplativa es extraordinaria, pero no siempre espectacular. La Virgen María, por ejemplo, que es la verdadera maestra de la oración contemplativa para toda la Iglesia, no pudo vivir una existencia más extraordinaria y, sin embargo, menos espectacular. Los dones y carismas espectaculares los da Dios cuando quiere, y entonces nos patentizan lo tremendo

---

[1]Hemos dicho que dejamos de lado los problemas técnicos que se suscitan con respecto a la contemplación. Aquí hablamos, sencillamente, de ese grado elevado de oración en el cual Dios admite a los que lo aman a su vida más íntima, ya en este mundo y de una manera en cierto modo consciente. Para nosotros, la contemplación es, en efecto, una gracia singular; pero que sería concedida por Dios a todos los que quisieran recibirla.

y lo maravilloso. En el auténtico santo, la presencia de Dios se hace tangible en cierto modo, y a través de ella adquirimos conciencia de que estamos contemplando un resquicio de la vida eterna. Pero no confundamos lo accesorio con lo principal. Y lo principal aquí, como siempre, es la caridad. San Pablo, hablando de los dones y carismas y después de haberlos enumerado, añade que *quiere mostrar un camino mejor*;[2] y entonces comienza a hablar de la caridad (1 Cor 13), advirtiendo a continuación de los peligros a los que pueden conducir ciertos fenómenos extraordinarios como el don de lenguas y el de profecía (1 Cor 14). Un acto de caridad no es menos admirable que una visión o que el don de lenguas, con la ventaja de que la caridad no engaña nunca. Los actos de caridad, grandes o pequeños, que jalonan quizás toda una vida, pueden adoptar multitud de formas y maneras, a las que no son ajenas ni la humildad, ni la sencillez, ni la belleza que se ignora a sí misma. Es probable que el verdadero santo no sepa nunca que lo es hasta que Dios se lo haga ver en los umbrales de la eternidad. El don de lenguas, por poner un ejemplo, es admirable; pero no más que entender bien lo que Dios ha comunicado a los hombres por medio de su Palabra y saber difundirlo entre ellos. Y, sin embargo, esto último, que es el difícil don de saber predicar el Evangelio a los hombres de cada momento histórico, es extraordinariamente raro aunque no espectacular; y Dios no lo da si no hay de por medio una verdadera vida de oración que se deja conducir por las mociones del Espíritu. No cabe duda de que este último don es de mucho mayor provecho para la Iglesia que el don de lenguas (1 Cor 14:19). La Iglesia podría subsistir sin este último, pero no sin el de la predicación, absolutamente imprescindible para ella (1 Cor 9:16). Éste es precisamente uno de los síntomas de la grave crisis que hoy padece la Iglesia, porque, mientras que proliferan

---

[2]1 Cor 12:31.

con abundancia por todas partes los *carismáticos* de toda especie, hay una tremenda escasez de sencillos y buenos predicadores del Evangelio que difundan por el mundo la verdad de la Palabra de Dios.

POR LOS SENDEROS DE LA CONTEMPLACIÓN

La gracia de la contemplación es la culminación de la obra de Dios en el hombre. Gracia que comporta dos cosas: el hecho en sí de la íntima amistad divino–humana como la obra maestra de la artesanía divina; y la generosidad humana, o la respuesta afirmativa del hombre a la solicitud divina. De este modo la contemplación es, a la vez, la gran victoria de Dios y del hombre. La contemplación es para el hombre la gracia de las gracias, pues sabe que en ella le es regalado el mismo Amor de Dios. O mejor aún: es el mismo Dios quien se le ofrece en ella como Regalo. El Espíritu Santo es el Don por excelencia. En la contemplación se hace realidad plena la elevación del hombre, desde su estado natural hasta el estado de amistad íntima con Dios: *Ya no os llamo siervos... pero os digo amigos.*[1] En ella siente el hombre, de una manera muy intensa, el Amor de Dios.

---

[1] Jn 15:15.

Y lo percibe como tal amor; es decir, como algo enteramente libre y gratuito: el amor como puro don del Amor. De un Amor que no quiere, y que no puede hacer otra cosa, sino amar y regalar amor, lo cual significa regalarse a Sí mismo, y por entero, como tal Amor. El hombre comprende, por fin, que sin el Amor nunca hubiera habido amor, y que, sin esa realidad, la vida se hubiera quedado vacía y carente de sentido:

> *¿Quién es ésta que sube del desierto*
> *apoyada sobre su amado?*[2]

La esposa ha llegado hasta aquí apoyada en el Amado y conducida por Él. El Amor del Amado produce en ella amor intenso, que le hace comprender ahora que todo lo anterior era como un desierto: *El que no ama permanece en la muerte.*[3]

Pero la contemplación es una gracia singular con la que Dios manifiesta su Amor, no sólo al contemplativo, sino también a los demás. La contemplación lleva a la santidad, y la santidad en el hombre es una forma de epifanía en la que se muestra lo divino. Detrás del santo, pero manifestándose a través de él, está Dios. El Bautista hablaba de uno que venía detrás de él y al cual tenía que manifestar (Jn 1: 30–31), mientras que el Señor enviaba a sus apóstoles delante de Él (Lc 10:1) a los lugares adonde pensaba ir. El santo, o el contemplativo, o el hombre que se ha tomado en serio el Amor de Dios, tiene que estar delante; para que detrás de él, o a su través, se vea a Dios. Éste es el verdadero sentido del testimonio cristiano: que el mundo vea a Jesús a través de nosotros. Los hombres no admiran y aman propiamente al santo, sino a lo que descubre con su presencia; por eso la humildad es fácil para él. El

---

[2] Ca 8:5.
[3] 1 Jn 3:14.

sentido de epifanía, o testimonial, del santo demuestra que la santidad consiste más en despojarse que en adquirir. El santo se despoja para que Dios pueda ser visto a través de él. Por eso la santidad está al alcance de todos. Si consistiera en alcanzar y conseguir, nos sería imposible apropiarnos de cosas que están tan fuera de nuestro alcance; en cambio, ¿quién no puede despojarse de los cuatro harapos que lleva encima? El contemplativo ha descubierto que no se trata de subir, sino de bajar, y que no es tan importante conseguir cuanto hacerse niños (Mt 18:3). No puede ser de otro modo desde que Dios mismo se hizo niño y nos señaló el camino. El halo de los santos no es sino su transparencia, a través de la cual se ve a Dios. El pueblo sencillo la expresaba a su modo, pintando al santo rodeado de una luz singular, pero aquello respondía a una realidad. La palabra latina *clarificare* significa también glorificar; clarificar y glorificar vienen así a ser sinónimos; y en efecto, porque el santo es claridad, transparencia, sencillez, niñez. Lo propio de los santos se descubre como lo propio de los niños, y por eso es a ellos a quienes es prometido el Reino de los cielos (Mt 18:4). Así es como la gloria de los santos no es otra cosa que su claridad, su verdad y su transparencia a través de las cuales se ve la gloria de Dios.

Por eso el santo, o el contemplativo si se quiere, viven el despojo total (Mc 10:21). De otro modo no hay transparencia, ni, por lo tanto, testimonio. El santo aparece ante los demás como el hombre que sólo tiene a Dios: *No llevéis bolsa, ni alforja, ni sandalias.*[4] Entonces es cuando su testimonio conmociona a los hombres, al descubrirles la mentira del mundo en que viven. De ahí que el demonio no puede hacer otra cosa que odiar al santo. Porque, al descubrir el santo a Cristo en la transparencia de su vida, descubre también toda la verdad, la cual es Cristo precisamente: *Yo soy la Verdad.*[5] Con lo

---

[4] Lc 10:4.
[5] Jn 14:6.

que queda al descubierto el tinglado de mentiras que el demonio y el mundo tienen montado de común acuerdo: las injusticias, las cobardías, los oportunismos y la entrega a los ídolos del momento: *Vi cómo subía del mar una bestia, que tenía diez cuernos y siete cabezas, y sobre sus cabezas nombres de blasfemia. Era la bestia que yo vi semejante a una pantera, y sus pies eran como de oso, y su boca como la boca de un león. El dragón le dio su poder, su trono y una autoridad muy grande. Y vi una de sus cabezas como herida de muerte, pero su llaga mortal fue curada. Y toda la tierra seguía admirada en pos de la bestia. Se prosternaron ante el dragón, porque había dado el poder a la bestia, y adoraban a la bestia, diciendo: ¿Quién hay semejante a la bestia? ¿Quién podrá guerrear contra ella?*[6] Todos se someten a la bestia: los cristianos y los no cristianos, los laicos y los clérigos, los viejos y los jóvenes, los intelectuales y los obreros, en un esfuerzo desesperado por seguir manteniendo una cierta existencia y por estar junto a los Poderes de este mundo. La bestia no perdonará nunca a aquellos que se le oponen (Ap 13: 15–17), y ésta es la verdadera razón de las campañas contra los que no se adhieren al Sistema, contra los que se empeñan en seguir manteniendo el sentido de lo sobrenatural y, en definitiva, contra los que aún siguen pensando que la religión es lo que une o religa al hombre con Dios. En un mundo que se ha hecho falocrático, el celibato sacerdotal por amor del Reino de los cielos, por ejemplo, es un escándalo y un desmentido viviente a la explicación pansexualista y freudiana del hombre: una demostración de la victoria del Espíritu sobre la carne. Pero, en el fondo de todo, lo que aquí está en juego es algo mucho más serio. Lo que aquí está en juego es la cuestión de si se puede amar a Dios o no, más que a las criaturas. El celibato es una demostración de que

---

[6]Ap 13: 1–4.

sí, y por eso es combatido; todas las demás razones que se dan para justificar su abolición son un puro pretexto.

$$* * *$$

Ya dijimos que la oración contemplativa ha sido a menudo caracterizada por el predominio de la pasividad por parte del hombre. El hombre es inundado en ella por la luz de Dios, que es quien lleva aquí la iniciativa, de tal manera que el alma contempla y recibe, dejado ya muy atrás aquel esfuerzo que exigía el razonar discursivo de la simple meditación.

Ahora bien, la oración es efusión de amor, y el amor es reciprocidad. Lo cual es aún más cierto cuando el amor es más perfecto, como ocurre en la oración contemplativa. Nunca el hombre es más hombre que cuando su *yo* es pronunciado como un *tú* por los labios de Dios. Siendo la oración contemplativa una transfusión de vidas, es imposible que pueda hablarse en ella de pasividad (o de mera receptividad) por parte de alguno de los amantes: *Yo he venido para que tengan vida, y la tengan abundante.*[7] San Pablo decía también: *Entonces conoceré como soy conocido.*[8] Si la oración es efusión de amor, y la oración contemplativa es la más perfecta, no puede haber en ésta una mera pasividad, y ni siquiera un predominio de la

---

[7] Jn 10:10.
[8] 1 Cor 13:12.

pasividad por parte de los que se aman. Todo lo contrario. Como la
contemplación es el amor perfecto, tal como no puede darse mayor
en esta vida, ha de haber en ella simultáneamente pasividad y actividad; pero por parte de ambos amantes. El amor contemplativo,
como ya dijimos también, es un trasunto de la vida trinitaria, en
la que tanto el Padre como el Hijo espiran juntamente al Espíritu
Santo, que es así, a la vez, donación y entrega. La efusión amorosa
es, en efecto, pasividad, en cuanto que en ella se recibe por entero
al amado; pero es también, en igual grado, actividad o donación, en
cuanto que en ella hay una entrega total al amado. De donde resulta
que el amado es también amante, y el amante es también amado:

Yo soy para mi amado y mi amado es para mí.[9]

La oración contemplativa es tan igualmente pasiva como activa, tanto por parte de Dios como por parte del hombre. Para este
último es lo más alejado que puede haber de la mera pasividad. El
yo humano nunca es más idéntico consigo mismo, en su realización
como tal *yo*, que cuando es tratado como *tú* —de tú a tú— por parte
del Yo divino. El hombre se encuentra verdaderamente a sí mismo
cuando pierde su propia vida por amor de Dios (Mc 8:35; Lc 9:24).
No se puede calificar de pasividad a la entrega total que el hombre
hace de sí mismo, con la gracia, en la oración contemplativa. En ella
el hombre *es conocido*, pero él también *conoce*. La contemplación es
para el hombre sobreabundancia de vida, porque, en la transfusión
de vidas que en ella se lleva a cabo, Cristo mismo, que es la Vida
(Jn 14:6; 1:4), vive con el contemplativo una misma vida (Ga 2:20;
Col 3:4). Ahora bien, la recepción de la vida de Jesús como nuestra
exige, de la misma manera, que nosotros le entreguemos la nuestra

---

[9]Ca 6:3.

para que sea suya. En el amor se recibe todo al mismo tiempo que se entrega todo. Por eso es imposible que exista contemplación si no se ha perdido (entregado) la vida por el Señor: *El que pierda la vida por mí...* Teniendo en cuenta que la idea de *perder* la propia vida, por causa de Él, significa mucho más de lo que puede parecer en una visión superficial de las cosas. No se refiere simplemente al hecho de aceptar la muerte cuando llegue; ni tampoco, aunque lo incluya, al deseo de ofrecer la vida a Dios en un acto supremo martirial: el mártir ofrece a Dios su vida porque prefiere perderla antes que dejar de amarlo sobre todas las cosas; pero el mártir da su vida ante la muerte, mientras que aquí se habla de dar la vida ante la vida; o dicho de otro modo: aquí se trata de renunciar a vivir lo que podía haber sido la propia vida, precisamente cuando se tenían las posibilidades de realizarla. Perder la vida, según esta significación, es aceptar de buen grado la interpretación según la cual la vida ha sido malgastada (una interpretación no iluminada por la fe), o mal usada, en el mismo sentido que cuando decimos, por ejemplo, que se ha perdido el tiempo. De esta manera, contempladas las cosas como las ve el mundo, nuestra vida puede ser una vida perdida, fracasada enteramente en cuanto a la realización de sus posibilidades (Sab 5:4). Y, sin embargo, al aceptar esta *pérdida*, el hombre acepta, ni más ni menos, la tabla de valores de Dios, que es totalmente distinta a las tablas de valores humanas. El hombre *estropea* su vida, inutilizándola para unas posibilidades humanas, apartándola de la *utilidad* que podría haber reportado a los demás hombres, haciéndolo a la luz de la fe con un sentido sacrificial. Pero, en realidad, éste es el más verdadero y el mejor de los sacrificios. Desde Cristo, ya no son aceptados los sacrificios de animales ni los de chivos expiatorios (Heb 10:5); por el contrario, el cristiano, participando ahora del sacerdocio de Jesús, es también, como Él, sacerdote y víctima a la vez, con la posibilidad, por lo tanto, de ofrecer como sacrificio su propia vida. Si las palabras del Evangelio no son voces vacías, entonces perder la vida significa estar dispuesto a aceptar el fracaso humano de todas sus posibles realizaciones, incluso aparentemente sobrenaturales (tal fue la situación de Cristo en la Cruz), poniéndose en cambio en las manos de Dios, aceptando sus caminos. Según esto, *perder* la vida no supone desvalorizarla, sino pensar que solamente Dios es digno de ella.

* * *

La contemplación es la culminación de esa obra maestra de Dios que es la amistad divino–humana. Es la gracia de las gracias, y, por lo tanto, inexplicable para el hombre, tanto en su esencia como en su misma existencia. La esposa sabe que, si ha llegado hasta allí, se lo debe todo al Esposo; por eso dice el Cantar de los Cantares:

> *¿Quién es ésta que sube del desierto*
> *apoyada sobre su amado?*
> *Yo te suscitaré debajo del manzano,*
> *allí donde murió tu madre,*
> *donde pereció la que te engendró.*[10]

La esposa, ya lo dijimos, tiene que subir del desierto apoyada sobre su Amado. El desierto es la situación de antes, en la que la esposa estaba sin el Amado, y de la que ella desea ardientemente

---

[10]Ca 8:5.

salir. Pero para conocer el desierto como tal desierto es necesario haber conocido al Amado. El castigo mayor, para quien no ha querido conocer el Amor de Dios, es el de no conocer tampoco el desierto del propio corazón: *El que no ama permanece en la muerte*.[11] Por lo demás, la esposa se siente levantada desde sus propios pecados. Es sobre el cañamazo de su miseria donde Dios teje la tela preciosa de su mutua amistad:

> *Debajo del manzano te suscitaré,*
> *allí donde murió tu madre,*
> *donde pereció la que te engendró.*

La miseria humana no es obstáculo para la vida contemplativa. Al contrario, porque es precisamente sobre ella, como si fuera hojarasca, donde Dios enciende la hoguera del amor divino–humano. Una hoguera que encuentra materia abundante en el conocimiento que el hombre tiene de lo que Dios ha hecho con su miseria: ¿Cómo se puede amar sin haber recibido? El mismo Hijo ama al Padre porque sabe que lo ha recibido todo de Él.[12] Pero el hombre sabe que ha

---

[11]1 Jn 3:14.

[12]Cuando se habla de que el Hijo lo ha recibido todo del Padre no ha de entenderse tal cosa como creación; se trata de la comunicación al Verbo de la esencia divina por vía de generación. A propósito de textos como Jn 3:35; 5:20 y 17:24, Santo Tomás hace notar que el verbo *dar* expresa una actividad cuyo principio es el amor, y, por lo tanto, no puede designar la comunicación al Verbo de la esencia divina, ya que esta comunicación es una generación que tiene su fuente en la naturaleza, y no en la voluntad. Ver Santo Tomás, *Super Evangelium S. Ioannis Lectura*, sobre Jn 3: 34–35. Ver también el comentario que hace A. Feuillet, *Le mystère de l'amour divin dans la Théologie johannique*, pg 40, Gabalda, París, 1972. Feuillet hace algunas precisiones a la interpretación tomista de estos textos, según la cual solamente pueden referirse al Verbo encarnado (pues, de otro modo, el Espíritu Santo sería principio de la generación del Hijo, por lo dicho antes). Nosotros, por nuestra parte, nos quedamos con la interpretación de Santo Tomás.

sido creado, y luego engendrado o re–creado a una nueva vida, además de redimido. A esto último parece aludir ese pasaje del Cantar. De hecho los santos encontraron siempre, en el conocimiento de sus propios pecados perdonados, materia abundante para encenderse en el amor de Dios. Al hombre solamente se le exige que sea consciente de eso, con un reconocimiento humilde y esperanzado.

La oración contemplativa es, por lo tanto, gracia, tanto más singular y única cuanto que es tan elevada. Hemos llegado a los umbrales de la vida eterna, donde ya todo es gracia, como dijo al morir el cura rural de Bernanos. El hombre puede ahora dejarse inundar por la lluvia torrencial que cae del cielo, lejos ya de aquellos fatigosos trabajos con los que, tan penosamente y tan despacio, extraía el agua del pozo con la noria, según el conocido ejemplo de Santa Teresa.

Y es además sobreabundancia de vida, como tenemos dicho. Gracias a ella el hombre, todavía en este mundo, es capaz de conocer como nunca hubiera conocido y de amar como nunca hubiera amado. En la vida contemplativa el hombre, no solamente no es despojado de su propia naturaleza, sino que ésta es elevada hasta la realización de sus mayores posibilidades; primero en el plano de lo natural, y luego, desbordado éste, en el de lo sobrenatural. En el consorcio divino–humano, que es la oración contemplativa, el hombre no pierde nada y, en cambio, lo gana todo. Y, como en ella se hace más hombre que nunca, se hace también más libre y responsable que nunca. Dios no ama anulando, sino elevando. La contemplación es la afirmación, hasta el límite, del diálogo amoroso, y por eso es también la afirmación plena del *yo* y del *tú*.

El papel soberanamente activo del hombre en la contemplación fue olvidado, sin embargo, por todas las doctrinas que pretendían la unión del hombre con la divinidad, pero desde la pasividad: desde la *apathia* estoica hasta los quietismos del siglo XVII, pasando por las diversas formas de maniqueísmo y gnosticismo, con fenómenos como los de los cátaros, beguinas y begardos. Estas doctrinas exigen la pasividad del hombre a fin de que el Espíritu pueda obrar libremente y el alma llegue a transformarse en la divinidad y ser, por lo tanto, impecable: al hombre le basta entonces con dejarse llevar, con la seguridad de que todo lo que haga será bueno. De este modo queda liberado del pecado, pues, si todo lo hace impulsado por el Espíritu, ya no existe el pecado. Ya se ve que en el fondo de esta actitud late el deseo de no reconocer el *yo* humano, sobre todo en su condición de pecador; o el deseo de dar de lado al *yo* dialogante en su completa personalidad y, por lo tanto, en su condición de plena responsabilidad. Existe aquí el deseo de llegar a la divinidad, pero por el camino fácil, evitando el empinado y estrecho de la cruz; de ahí el rechazo de la ascesis, de la norma, de las virtudes o de la Iglesia como institución.

La contemplación es un adelanto de la vida eterna en grado muy elevado. Es, por lo tanto, una primicia. También lo es la gracia de por sí, pero con la particularidad, por parte de la contemplación, de que en ella el velo se descorre en cierto modo. La contemplación es visión y fruición de Dios en grado eminente, pero todavía en la fe: *Ahora permanecen estas tres cosas: la fe, la esperanza, la caridad...;*[13] y dice también el Apóstol: *Conocemos sólo en parte y profetizamos también parcialmente; pero, cuando llegue lo perfecto, desaparecerá lo parcial.*[14] La visión de Dios de la oración contemplativa es siempre visión de fe, y no a través de los sentidos corporales (Heb 11:1). Por lo tanto es imperfecta: *Ahora vemos por un espejo y*

---

[13] 1 Cor 13:13.
[14] 1 Cor 13: 9–10.

obscuramente, pero entonces veremos cara a cara.[15] La verdad es que
la visión de Dios en la vida eterna tampoco es perfecta, en el sentido
originario de esta palabra, que es el de acabada (Mt 11:27).[16] Pero la
contemplación está a medio camino entre el simple conocimiento de
Dios, que proporciona la fe más sencilla, y el conocimiento de Dios
que tiene lugar en la Patria. El contemplativo siente la distancia que
media entre lo que ve y lo que le queda por ver, entre lo que posee
y lo que le queda por poseer. En modo alguno alcanza el término
final, pero lo que ya tiene de él es suficiente para que presienta algo
de lo que es ese término. Si avanza más en el camino de la contemplación recibe más luz, con la cual aún ve mejor lo mucho que le
falta y la infinitud que separa a los dos extremos que están destina-
dos a unirse. Santo Tomás y los teólogos medievales hablaban de un
conocimiento vespertino y un conocimiento matutino. Aquí puede
aplicarse esa distinción también al conocimiento imperfecto, o de la
fe, y al conocimiento perfecto que tendrá lugar en el cielo. El hombre
no puede dejar de ansiar el conocimiento y la posesión completos.
La esposa del Cantar busca afanosamente al Esposo; para estar con
Él, para conocerlo, y para poseerlo:

> *Cuando el alba suave aún no es mañana*
> *y en el valle florido, entre los cejos,*
> *exhala sus fragancias la manzana*
> *y se arrulla la tórtola a lo lejos,*
> *tú clamas por tu esposa, por tu hermana,*
> *con eco antiguo de cantares viejos.*
> *Y el viento hace una pausa en sus gemidos*
> *trayendo tu reclamo a mis oídos.*

---

[15] 1 Cor 13:12.

[16] No es *perfecta* o acabada, por razón del objeto contemplado, que es Dios, Ser
Infinito; pero sí lo es por parte del hombre, en el sentido de que saciará todas sus
apetencias.

Cruzado ya el arroyo por el vado,
sentado aguardo bajo umbrosa encina
con ardorosas ansias, por si Amado
encontrarse conmigo determina,
y ver si su noticia que me han dado
de vesperal la hiciera matutina.
Y, mientras que yo espero, por los tejos,
vuela baja una banda de vendejos.

La esposa desea conocer al Esposo con conocimiento total o matutino. Pero el amor, como siempre hemos dicho, es reciprocidad, y por eso también el Esposo clama por la esposa, buscándola y llamándola apasionadamente. El eco antiguo de cantares viejos, al que alude el poema, son los clamores del Esposo, buscando y llamando a la esposa, según el Cantar de los Cantares:

Ven, paloma mía,
que anidas en las hendiduras de las rocas,
en las grietas de las peñas escarpadas...
Ábreme, hermana mía, esposa mía,
paloma mía, inmaculada mía.
Que está mi cabeza cubierta de rocío
y mis cabellos de la escarcha de la noche.[17]

Vivimos ahora aún en el conocimiento imperfecto y parcial, obscuro y como en enigma, y en la posesión incompleta y no consumada. La contemplación viene a ser como las primicias o las arras entregadas por el Esposo, pero no la totalidad. En ese sentido el hombre vive en la angustia. Una angustia que no es la de la filosofía existencialista, sino la angustia dulce de la nostalgia de Dios. En vez de

---

[17]Ca 2:14; 5:2.

ser la angustia ante la inminencia de la Nada, es el deseo anhelante
por la posesión de un Todo presentido y, en cierto modo, poseído.
Aunque, por ahora, en cierto modo, y por eso la esposa busca y llora.
Con el llanto dulce de los enamorados, por más que sea doloroso,
como todo llanto. Los poetas, tal como lo hizo también el poeta autor del Cantar de los Cantares, son los que han expresado esto con
más propiedad. Así lo viene a hacer este breve poema del sauce, ese
árbol que dicen que llora, o sauce llorón:

> *La dulce filomena*
> *llamando está a su amor desde la rama*
> *de verde sauce en el umbroso vado.*
> *Y el árbol siente pena*
> *por el ave que no encuentra a su amado*
> *y que, en su angustia, clama,*
> *sintiendo que se abrasa en dulce llama.*
> *Y, desde aquella hora,*
> *siempre que la oye el sauce, también llora.*

Por eso la oración contemplativa, en este mundo, no solamente
es compatible con el sufrimiento, sino que en cierto modo lo exige.
El hombre que se toma en serio a Jesucristo tiene que compartir
la cruz del Amado. Y esa cruz tomará mil formas y maneras. El
hombre contemplativo está destinado hoy, más que nunca, a sentirse
desplazado y fuera de lugar y de tiempo; no solamente ante los de
afuera, sino también ante los de dentro. Aunque, en realidad, nadie
sabe cuál ha sido el tiempo en el que el mundo ha considerado normal
la vida contemplativa. Y no nos referimos ahora a los fenómenos
místicos extraordinarios. Bastará, por ejemplo, con que la oración
de alguien se traduzca en actitudes serias de vida cristiana, para
que ese alguien sea rechazado. O que la fe sea sencillamente fe, sin

ser dudosa ni angustiada, para que suscite el escándalo. Si alguno se atreve a adoptar una actitud de obediencia sencilla y seria, será acusado de vivir formas de cristianismo arcaizantes y periclitadas. Y si un sacerdote se siente feliz en su ministerio, probablemente será mirado con recelo por parte de otros hermanos que se creen en la obligación de sentirse *angustiados* o tal vez *comprometidos*.[18]

Nadie debe extrañarse de que el contemplativo suscite con frecuencia a su alrededor un sentimiento de burla. San Pablo lo dijo bien claramente (2 Tim 3:12). Y algo de eso quiso decir también la esposa del Cantar cuando, hablando con el Esposo, se lamentaba:

> *¡Quién me diera que fueses hermano mío,*
> *amamantado a los pechos de mi madre,*
> *para que al encontrarte te besara*
> *sin que nadie se burlase de mí!*[19]

Y con todo, no es la burla lo que más atormenta al contemplativo, sino lo que supone esa burla: la soledad en que se queda, porque nadie quiere amar al Amor. El contemplativo, sintiéndose enteramente solidario con sus hermanos los hombres, y amándolos más que nunca, ve al mismo tiempo que ellos se alejan de él. Y, aunque sabe que ha encontrado el camino verdadero, tiene que ver a los demás alejarse por otro equivocado sin hacer caso alguno de sus voces

---

[18]Sería interesante detenerse a exponer cómo esta felicidad del contemplativo es compatible con un verdadero sufrimiento por los demás. Sufrimiento y preocupación por el mundo que es, por lo menos, tan grande como el que dicen tener los cristianos *comprometidos* y *angustiados*. Es de suponer que el sufrimiento de estos últimos procede también del verdadero amor a Dios y a los hombres, y no de la inestabilidad e inseguridad del propio yo. A veces se recibe la impresión de que, lo que hay en el fondo de ese sufrimiento, no es sino tristeza, originada, tal vez, por una crisis de fe y de generosidad.

[19]Ca 8:1.

de advertencia. Lo que le produce un sufrimiento intenso, que los otros hombres nunca llegan a conocer ni aun a sospechar. De ahí que, de vez en cuando, como es un ser humano, hasta puede sentirse cansado y triste. Pero continuará adelante, tal vez más trabajosa y despaciosamente, buscando siempre de todas formas llegar hasta Dios, como un río que camina a su final para unirse con el mar:

> *El sol, que ya se asoma,*
> *con rosados colores va bajando*
> *del monte por la loma,*
> *al valle despertando*
> *mientras que yo mi pena voy cantando.*
>
> *El canto de las aves,*
> *el carro de la Aurora en asomando,*
> *con mil trinos suaves*
> *el valle va llenando,*
> *mientras que yo mi pena voy cantando.*
>
> *Por las altas laderas*
> *de los montes, haciendo torrenteras,*
> *el río va bajando*
> *con un rumor suave resonando;*
> *mas, viendo que a su canto*
> *nadie responde, entristecido tanto,*
> *en curso más sinuoso,*
> *más cansado, más triste y perezoso,*
> *el mar sigue buscando*
> *mientras que yo mi pena voy cantando.*

Ya hemos dicho varias veces que la contemplación es solamente una forma de primicias de la vida eterna. Las primicias producen gozo por lo que dan, pero también pena por lo que resta, puesto que nos dejan en el *todavía no*. El contemplativo sabe muy bien que aún está en el camino. Pero, como el camino más rápido y mejor para llegar pronto a la posesión del Esposo es el sufrimiento, desea salir al encuentro de la cruz:

> *Levántate, cierzo;*
> *ven también tú, austro.*
> *Oread mi jardín, que exhale sus aromas;*
> *porque viene a mi huerto el amado,*
> *a comer de sus frutos exquisitos.*[20]

Tal vez este viento, por el que el alma desea verse sacudida, sea el del sufrimiento. Solamente así podrá exhalar su aroma, que es el buen olor de Cristo (2 Cor 2:15). El contemplativo sabe que su sacrificio ha de unirse al de Cristo, para que el suyo sea también un sacrificio *de fragante y suave olor.*[21] Y comprende al fin lo que decía el Señor: *Todo sarmiento que dé fruto mi Padre lo podará, para que dé más fruto.*[22]

También puede interpretarse este pasaje del Cantar en el sentido de que el alma desea que llegue hasta ella el viento suave del Espíritu. Ese viento que sopla donde quiere (Jn 3:8) y que no puede traer sino el buen aroma de Cristo. Aroma que es siempre el de la cruz, puesto que Él vino para eso: *Yo para esto he venido.*[23]

* * *

---

[20] Ca 4:16.

[21] Ef 5:2.

[22] Jn 15:2.

[23] Jn 18:37.

La oración contemplativa puede perderse, lo cual es otra razón que la hace compatible con el sufrimiento. La condición del cristiano, en esta vida, es siempre la de un *viator*, o caminante. Es verdad que los místicos hablan de ciertos estados muy elevados de la contemplación, como el del matrimonio espiritual o el de los desposorios místicos, en los que parece que existe ya para el hombre una cierta seguridad sobre su perseverancia. Quizás esta seguridad se encuentra en la misma línea de la que es producida por la virtud teologal de la esperanza, aunque aquí ha alcanzado un elevado grado de desarrollo. Es evidente que Dios puede hacerlo así, pues la perfección del amor excluye todo temor y, por lo tanto, el de la posibilidad de perderlo (1 Jn 4:18). Sin embargo, y sobre todo mientras que no se llega a esos estados, la seguridad total no puede tener plena y absoluta confirmación sino en la Patria.

El estado de oración contemplativa puede perderse si el contemplativo no es fiel a las gracias recibidas de Dios. El retroceso puede consistir en la pérdida total de lo recibido o, simplemente, en volver atrás, a estados menos perfectos de la vida de oración. No sin intención, la esposa del Cantar compara al Esposo con la gacela o el cervatillo (Ca 2: 8–9, 17), que son animales nerviosos, rápidos, huidizos, difíciles de ver y de cazar, prontos a perderse de vista, hábiles en ocultar su rastro, que llegan triscando por los collados y saltando por los montes de Beter:

> *¡La voz de mi amado! Vedle que llega,*
> *saltando por los montes,*
> *triscando por los collados...*
> *Es mi amado como la gacela o el cervatillo...*
> *Ven, amado mío, semejante a la gacela,*
> *semejante al cervatillo,*
> *por los montes de Beter.*

La oración contemplativa exige una respuesta rápida y generosa por parte del hombre. La voz del Esposo pudiera no volver a oírse, o tal vez tuviera que pasar mucho tiempo para que se escuchara de nuevo. El tema está desarrollado en el Cantar de los Cantares, donde se oye primero la llamada del Esposo:

> *Es la voz del amado que me llama:*
> *Ábreme, hermana mía, esposa mía,*
> *paloma mía, inmaculada mía...*

Pero la esposa se excusa y tarda en abrir:

> *Ya me he quitado la túnica.*
> *¿Cómo volver a vestirme?*
> *Ya me he lavado los pies.*
> *¿Cómo volver a mancharlos?*

Al fin se decide a abrir al Esposo; pero demasiado tarde, porque el amado se había marchado ya:

> *Abrí a mi amado,*
> *pero mi amado se había ido, desaparecido.*
> *Le busqué, mas no le hallé.*
> *Le llamé, pero no me respondió.*
> *Me encontraron los guardias*
> *que rondan la ciudad,*
> *me golpearon, me hirieron,*
> *me quitaron el velo*
> *los centinelas de las murallas.*
> *Os conjuro, hijas de Jerusalén,*
> *que si encontráis a mi amado,*
> *le digáis que desfallezco de amor.*[24]

------

[24]Ca 5: 2–8.

En la vida de oración no pueden tener cabida las dilaciones o aplazamientos ante la llamada de Dios que solicita la generosidad del hombre. Las consecuencias pueden ser graves. Los retrocesos en el camino emprendido —o, lo que sería mucho peor, extraviarse del camino— hundirían al hombre en la mayor de las tristezas. No le quedaría al contemplativo otra cosa que el triste recuerdo de un paraíso y de una amistad perdidos, quién sabe si para siempre. Como esos cuencos de caracolas de mar, muertas y separadas de su medio por tantos y olvidados años; pero que parecen evocar en amargo llanto, cuando se acercan al oído, el recuerdo de los mares y de las olas que se perdieron para siempre; el viento se ha quedado allí, para convertirse en triste susurro evocador de tiempos y de cosas que nunca volverán:

> *La suave brisa, desde la montaña,*
> *baja meciendo campos de amapolas,*
> *y llegando hasta el mar, donde se baña,*
> *se convierte en rumor de caracolas*
> *que evocan vientos y olvidadas olas.*

El Señor nos advierte que, ante la llamada del Amor divino, respondamos al instante: *Sed como hombres que esperan a su amo de vuelta de las bodas; para que, al llegar él y llamar, le abran al instante. Dichosos aquellos siervos a quienes el amo halle en vela; en verdad os digo que se ceñirá, y los sentará a la mesa, y se prestará a servirlos. Ya llegue a la segunda vigilia, ya a la tercera, si los encuentra así, dichosos ellos.*[25] Por lo tanto la respuesta a la llamada debe ser rápida: *Para que al llegar él y llamar le abran al instante.* Como la llamada tiene por objeto dárselo todo al hombre, absolutamente todo, no cabe que cualquier criatura se interponga para hacer

---

[25]Lc 12: 36–38.

esperar a Dios. Lo que pueda dar la parte lo va a proporcionar, con creces, el Todo. Por eso el Señor no admite nunca demoras ni aplazamientos en su seguimiento: ni siquiera para ir a enterrar al padre antes de seguirle definitivamente; ni para despedirse de los de casa (Lc 9: 59–62). La aparente exageración de las exigencias divinas tiene por objeto hacernos comprender algo importante: no existe razón alguna que justifique el aplazamiento de la respuesta a la invitación divina al seguimiento; y menos aún puede justificarse una respuesta negativa. Por otra parte, el Señor promete la felicidad a los que respondan generosamente, y por dos veces los llama dichosos en el mismo pasaje evangélico (Lc 12: 37–38). Esa felicidad, prometida con insistencia, está determinada por la intimidad con el Señor, en la que el hombre será introducido: *Mira que estoy a la puerta y llamo; si alguno escucha mi voz y me abre, yo entraré a él y cenaré con él, y él cenará conmigo.*[26] Aquí aparece expresamente la reciprocidad, que viene a traducirse en amistad, intimidad, amor y trato entre iguales: *Ya no os llamo siervos, sino amigos.*[27] Y lo mismo, pero con mayor fuerza aún, si cabe, en el pasaje de San Lucas: *Se ceñirá, se sentará a la mesa y se pondrá a servirlos.*

No es posible expresar las realidades que parecen presentirse aquí. Intentar escribir sobre ellas es temerario. Llevado esto a la intimidad de la contemplación hay que detenerse ante el misterio, porque lo que Dios quiere hacer con el hombre es inexpresable. Una vez más queda claro que el cristiano es un ser llamado a la felicidad; pero desde ahora, porque el mundo inefable de lo sobrenatural co-

---

[26]Ap 3:20. Algunas traducciones modernas de la Biblia atenúan la fuerza de este texto, traduciendo *y cenaremos juntos*; con ello se pierde el sentido de la intimidad y de reciprocidad que quiere expresar: *cenaré con él y él cenará conmigo.* Ver Feuillet, A., *Jalons pour une meilleure intelligence de l'Apocalypse,* en *Esprit et Vie,* 1975, pg 216.

[27]Jn 15:15.

mienza para él desde el bautismo. Y todo sin olvidar que, durante el tiempo en que es itinerante en este mundo, esa felicidad pasa por la cruz como condición indispensable.

La contemplación nunca sacia en esta vida. En la vida eterna colmará el corazón del hombre, pero ahora, por ser como primicia, es *como el fuego, que nunca dice: Basta.*[28] Sabe el contemplativo que solamente Dios puede hacerlo feliz, incluso en esta vida; y sabe también que no lo posee plenamente. El conocimiento y el amor alcanzados del Bien Infinito, junto al sentimiento de que no se le posee aún en plenitud, producen en el contemplativo una mezcla misteriosa de alegría indecible y de ansias vehementes de la posesión total: *Por ambas partes me siento apretado; pues, de un lado deseo morir para estar con Cristo, que es mucho mejor...*[29] Estos desgarramientos son característicos de la oración contemplativa, y se traducen, como hemos dicho, en la alegría de poseer a Dios y en la pena por no poseerlo en plenitud; en deseos de consumar la entrega total en la Patria y, a la vez, en las ansias de seguir participando de la cruz: *Todavía no sé qué elegir*, decía el Apóstol.[30] Tensiones que se contienen dentro de otra más amplia: la que lleva consigo el sentimiento de desgarramiento y de paz a la vez; pues el contemplativo, al mismo tiempo que sufre intensamente, siente y goza de la paz interior que es la consecuencia de su abandono a la voluntad divina. Esta es la vida del contemplativo. Vida *abundante*, como dijo el Señor,[31] donde los sentimientos del hombre alcanzan una increíble plenitud, donde la sensibilidad se afina hasta lo inimaginable —tanto para el gozo como para el dolor—, y donde el hombre se va haciendo cada vez más humano a medida que se va haciendo más divino.

---

[28] Pr 30:16.

[29] Flp 1:23.

[30] Flp 1:22.

[31] Jn 10:10.

EPÍLOGO

Ponerse a hablar de la oración, y sobre todo si se trata de la oración contemplativa, es correr un curioso peligro: el de descubrir al final que no se ha hablado de ella. Todo lo más se ha hablado de cosas que, más o menos, se refieren a ella. Y, sin embargo, es posible que el intento haya valido la pena.

Ponerse a hablar de Dios es ponerse a balbucear, pero ponerse a hablar de las cosas altas de Dios es atrevimiento. Pero, con todo, aun con lo poco o nada que se diga, quizás sea suficiente. De Dios siempre se dice muy poco o nada, en comparación con lo que se tendría que decir; y no se puede pretender otra cosa.

Aunque el peligro no anda solamente por ese lado, por el de la sobresuficiencia divina. También acecha por otro, que es el de nuestra insuficiencia. Porque aquí, más que en ninguna otra parte, hacen

mucha falta la sinceridad y la autenticidad, y ¿quién puede pretender que sabe algo de contemplación? O lo que es aún peor, ¿quién
puede pretender que vive de eso? El capítulo de desgarramientos,
del que hablábamos antes, también entra aquí, y fuertemente. Nosotros, al contrario de lo que dijo el Señor en el Evangelio de San
Juan (Jn 3:11), hablamos de lo que no sabemos y de lo que no conocemos damos testimonio.

Eso es cierto. Pero el hombre también tiene derecho a vivir de
presentimientos y de nostalgias. ¿Qué sería de él si así no fuera? Además, siempre habrá alguien que pueda aclarar y añadir. Alguien que
haya vivido mejor todo eso. Y alguien que comprenda, o que pueda
comprender. Serán siempre de aquéllos que se sienten dulcemente
atormentados por la nostalgia, por el sueño del bien presentido como totalidad, de la verdad entendida en claridad, del Amor poseído
en plenitud.

Índice de Citas
del
Nuevo Testamento

HEBREOS

1: 1–2, **8**, **10**
5: 7, **72**
10: 5, **89**
11: 1, **93**

SANTIAGO

5: 13, **72**

1 PEDRO

3: 7, **48**

2 PEDRO

1: 19–20, **56**
3: 15–16, **56**

1 JUAN

1: 10, **15**
2: 14, **15**
3: 1, **40**
14, **84**, **91**
4: 5, **19**
8, **8**
18, **100**
20, **48**

JUDAS

20–21, **40**

APOCALIPSIS

1: 15, **12**
2: 23, **21**
26–28, **75**
3: 20, **103**
13: 1–4, **86**
15–17, **86**
22: 16, **75**
18–19, **59**

Índice General

LA ORACIÓN